新物种乐视

如果有一天它倒下我们还会想起什么

江 涛 丛龙峰 ◎ 著

华夏出版社
HUAXIA PUBLISHING HOUSE

图书在版编目（CIP）数据

新物种乐视：如果有一天它倒下我们还会想起什么 / 江涛，丛龙峰著 . -- 北京：华夏出版社，2017.1

ISBN 978–7–5080–9049–8

Ⅰ.①新… Ⅱ.①江… ②丛… Ⅲ.①互联网络 – 高技术产业 – 企业管理 – 研究 – 中国 Ⅳ.① F426.67

中国版本图书馆 CIP 数据核字（2016）第 284020 号

新物种乐视：如果有一天它倒下我们还会想起什么

作　　者	江　涛　丛龙峰
策　　划	张巧云
责任编辑	刘艳静
装帧设计	卓义云天
出版发行	华夏出版社
经　　销	新华书店
印　　刷	三河市万龙印装有限公司
装　　订	三河市万龙印装有限公司
版　　次	2017 年 1 月北京第 1 版 2017 年 1 月北京第 1 次印刷
开　　本	720×1030　1/16 开
印　　张	13.5
字　　数	135 千字
定　　价	45.00 元

华夏出版社　　地址：北京市东直门外香河园北里 4 号　邮编：100028
　　　　　　　网址：http://www.hxph.com.cn　电话：（010）64618761（转）
若发现本版图书有印装质量问题，请与我社营销中心联系调换。

序　言　我们是否要重新思考战略了？ / V

第一章　乐视的生态战略和产业雄心

乐视到底是谁？ / 5

互联网时代的"方程组"利润模式 / 13

从业绩看"生态化反" / 18

生态战略的背后及未来挑战 / 21

对话：战略思维有三种，乐视选了最难的路

——专访乐视控股战略管理副总裁阿木 / 26

第二章　从 0 到 1，从 1 到 N

西伯尔，乐视的前尘往事 / 40

打造"影视剧互联网发行门户" / 43

从内容为王到"四位一体" / 46

拓展生态版图，谋求生态化反 / 51

附录：乐视大事记：2004~2016 年 / 57

第三章　这几年贾跃亭到底说了什么?

生态与协同：下个时代是互联网生态时代 / 63

战略与决策：董事会制定不出伟大战略 / 68

组织与激励：打破组织边界是跨界的核心 / 70

产品与消费观：不为硬件埋单 / 75

创新与颠覆：99%的人不看好的事情，才有可能成就颠覆 / 78

资本与融资：公司方向不能由基金来决定 / 82

中国与全球化：中国互联网公司要抓住时间窗口 / 86

第四章　资本战略的天时与地利

千亿乐视，资本市场是怎么理解的？ / 95

乐视财技之七种武器 / 106

从乐视看产融互动的打法 / 114

富有中国特色的资本故事 / 120

第五章　争到最后，争的就是人才

始于人才战，终于人才战 / 128

"离经叛道"的人聚在了一起 / 135

生态型战略更需生态型组织 / 144

基于人才的"协同化反" / 150

乐视＝贾跃亭？ / 155

对话：我们倡导狮狼文化
——专访乐视控股人力资源副总裁蒋晓琳 / 161

附录　这些年，乐视追到的大咖 / 168

目 录

第六章　如果有一天乐视失败，我们还会谈起

　　BAT 的盛宴下，冲出封锁线 / 176

　　作为颠覆者的挑战 / 181

　　成败转头空，几度夕阳红 / 188

跋　研究中国管理学，始自案例 / 195

我们是否要重新思考战略了?

丛龙峰

从研究来看,管理作为一门人文学科,必然要有其哲学基础。在某种意义上,哲学就是前提批判,而每一次管理理论的进步都往往是对既有假设的修正与补充。

互联网时代的商业实践已经逼得学术界不得不反思,既有理论是否还有足够的解释力?

像谷歌、苹果、阿里巴巴、腾讯等企业,可以做到战略布局如此宽广,产业跨度如此巨大,触角深入到每个普通人生活的方方面面,这样的大帝国、大生态、巨型企业,在此前的企业史中是从未有过的。你甚至无法定义它到底是一家什么公司。

2015年8月,谷歌设立母公司Alphabet。Alphabet指的是英文字母表,代表Google的业务项目已涵盖26个英文字母。在新的架构下,谷歌成为Alphabet最大的子公司，这家超级航母般的科技综合公司的新域名为 http://abc.xyz，同样也是字母表的意思，似乎预示着未竟的事业仍"志之所趋，无远弗届"——究竟哪里才是它的边界？

新企业的崛起速度之快也令人咋舌。无论小米今后还会遭遇怎样的挑战和质疑，无法否定的是，它在最初的五年间，从无到有，创造了世人瞩目的成绩：市场份额，国内第一、全球第五。这似乎无法以"风口论"一言而概之，没那么简单。另一家中国企业滴滴，2016年8月收购优步中国后，估值已达350亿美元。滴滴仅创办四年，创始人程维非常年轻，生于1983年，这是他第一次创业，现在每天服务着数亿用户。

这种互联网速度，让那些习惯了日积月累做企业的管理者们甚至感到无所适从。在人们的观念里，企业成长总要走过一个春生、夏长、秋收、冬藏的自然过程，但现在这个速度被大大加快了，有人将这类企业称为"新物种"。

从没做过手机的苹果做出了iPhone，从没做过电视的小米让传统厂商们感到了压力，出租车公司竟被一款软件抢了生意……这些跨界打劫的新贵们也挑战着既有理论范式的局限性：基于产业链分析的定位理论还管用吗？基于资源与能力的战略诠释还有效吗？所谓的核心竞争力学说到底还靠不靠谱？

乐视无疑是这类新兴企业中颇具典型性的一个。从2010年乐视网上市至2015年底，仅乐视网就实现了年营收从2.38亿元到130.17亿元的飞速发展，市值则从43亿元到2015年高峰期超1500亿元，现在也有879亿元。这还不是乐视横跨七大子生态的整个帝国版图，据2016年2月贾跃亭对外所称，乐视全生态估值已超过3000亿元。

这样的速度、跨度，生态战略的打法，真是让人看不懂。不过也正因如此，乐视才更有被研究的价值。在某种意义上，看懂了乐视，就看懂了这一代互联网企业的成长逻辑。

我们清楚地知道，重新思考战略、重建理论前提，只是刚刚开始。一连串惊叹号的背后，留给我们的是一连串的问号。对此我们提出三点假设，以供商榷。

基于信息社会的战略

长期以来，基于产业结构的战略始终是战略理论中的重要流派，甚至居主导地位，尤其以哈佛学派 S-C-P 范式（产业结构—竞争行为—企业绩效）最具代表性。但在互联网时代，产业界限不再明晰，壁垒不再牢靠，将逐渐转向基于信息、基于互联、基于跨界融合的战略，我们称之为 I-C-P 范式（互联网属性—竞争行为—企业绩效）。

20 世纪 80 年代，迈克尔·波特提出五力模型，放到今天仍有它的价值。波特认为，产业中存在着决定竞争规模及程度的五种力量，包括上游供应商的议价能力、下游购买者的议价能力、新进入者的威胁、替代者的威胁和同业竞争者的策略，这五种力量综合起来影响着产业的吸引力及现有企业的战略决策。

后来，数字技术改变了这一产业间的固有格局。数字技术将一切都数码化了，无论是文字、照片、音乐、视频，等等，说白了都是一个数码，都可以进行数码化。你会发现，谁先掌握了数字技术，谁就能穿越既有的产业分工体系。相机、MP3、录音笔、扫描仪、手机……这些都可统称为数码产品，而内容产业也成为产业整合中的利器。

日本学者藤本隆宏曾提出一个有意思的解释：产品＝信息＋介质。"无论是制造业也好，服务业也好，企业提供给顾客的商品都可视作将某种设计信息传递给某种介质。"

这种解释颇有意义，哪怕是一盏台灯，也是在原材料上承载了制作者的心思，是信息+介质。以此观之，企业就是信息发送者，顾客则为信息接收者。提供者通过产品发出某种信息，消费者接收并解读这种信息，从中获得满足。而按照企业及产业分工，不同环节、上下游产业都是在为最终的产品或服务创造、传递及转化这种信息。

消费者所消费的东西本质上是一连串的信息。信息本身就是一种产业，可以把全世界所有产业都看作广义的信息产业。

这样来看乐视的发展轨迹，就不那么令人费解了。做视频网站起家的乐视，后创办影业以强化内容，又走向软硬一体化，切入电视、手机，乃至汽车，将信息能力导入各个终端，现在形成了包括手机、电视机、车机在内的7块屏幕构成的生态系统。乐视超级汽车联合创始人丁磊谈道："我们的理念是7个屏幕，我们先做平台，再做内容，再做设备、终端，再做应用。"丁磊觉得按照这个链条下来，汽车只是生态系统中的一环。

乐视手机负责人冯幸还有一个有意思的比喻："传统手机企业都是馒头，因为是有硬件。而乐视手机做的是包子，承载的是内容、服务和生态"。

"我们打造的'平台+内容+终端+应用'的乐视生态，其本质是产业链的垂直整合。""其意义在于：第一，是真正能为用户打造极致体验的产品和服务，为用户创造最大价值；第二，可以打破创新边界、跨越创新鸿沟；第三，推动各个环节协同，引发化学反应；第四，开放联合产业链各环节上的合作伙伴，共同创造更大的社会、经济价值。"贾跃亭如是说。

当然，乐视能在如此短的时间把平台搭起来，把终端一个个做起来，跟整个工业生产体系的成熟度也是分不开的。中国制造经过这么多年的发展，沉淀和形成了富余的战略要素市场，为更高维度的产业创新提供了可能性。这就跟到菜市场买菜做饭是一个道理，缺的不再是原材料，关键是有没有新思维，能不能构成一种新的组合。在硬件日趋同质化的当下，通过强化信息和内容牵起各个硬件、终端，一体化竞争，不失为一条破局之路。

产业经济学的学者早就认识到，文化产业居于产业链的高端，其发展路径具有截层效应和引信效应。截层理论指的是，相对于传统产业的纵向发展模式，文化产业是横向产生和发展的。文化产业以其渗透性打破传统产业的格局，在传统产业的丛林中越界重组，促成不同行业、不同领域的合作，形成一个横向的截层。而引信效应指的则是，文化产业如同炸弹的引信，形态虽小，却能引发产业巨大的能量释放。

在互联网时代，这一进程大大加快，信息传播的速度、密度、精度，较之以往都不可同日而语。用户的意义被凸显出来，能不能在他们头脑中留下印记已成为竞争时的关键考量。对互联网企业评价的标准也不再只是盈利，而是影响力、趋势、未来。

基于产融互动的战略

通常意义上，企业的经营模式有三种：产品经营模式、企业经营模式、产业经营模式。这三种模式也是企业发展的内在逻辑，核心是不断推动经营模式的升级换代。但凡大的企业，成功的关键不在于一招一式的产品，而是能否成为产业价值链的组织者，构建一体化关系，前向一体化黏住市场端的客户，后向一体化把控上游，推动产业链整体效率的提升。

投资银行在产业社会中应该扮演的角色及使命定位，就是引导社会资本的流向，并促使企业成为有意识的产业开发者。最重要的是唤醒企业家的创新精神和胆识，利用资本市场的杠杆去创造财富，并推动社会进步。

遗憾的是，许多企业家只有产品思维、企业思维，不擅于从产业、资本的角度打开思维空间，适时启动下一轮增长，导致企业走着走着就被困住了，没能在前一轮增长走向衰退之前提早布局，蓄势待发，步步为营，一浪追过一浪，形成增长周期的接力。

大企业的成长与成功，总是同时面对产业市场与资本市场，使产业与资本形成良性循环极为重要。尤其对上市公司，市值是一种生存方式和成长机制。产融互动的打法蔚为关键：没有市值制空，往往走不出新一波的产业增长或走得很艰苦；没有产业增长第二波、第三波、第四波的反复验证，市值也无法维持陡峭增长或高估值，制空终将落空。持续成功的上市公司，往往是产业和市值两条增长曲线相生互动、螺旋上升的作用结果。

乐视的成长逻辑也是这样：与其说是乐视的产业成长造就了它的市值，不如说正是市值的强势塑造了乐视的产业竞争优势。

自 2010 年 8 月创业板上市以来，乐视市值从 43 亿元上涨到 879 亿元，涨幅超 20 倍，股价年复合增长 64%，现为创业板第二大市值公司（仅次于温氏股份），高峰时期超 1500 亿元，一度跻身中国市值排名前五大的互联网公司（仅次于阿里、腾讯、百度、京东）。乐视市值的强势与乐视生态之间形成了相互推动、互为因果的互动循环。可以说，没有乐视生态的发展，就不会有乐视市值的狂潮；没有乐视市值的狂潮，就不会有乐视生态产业的发展。

正像著名投资家索罗斯所说的，"虽然股票市场的估价几乎总是失真的，但有时这种失真却具有左右公司价值的潜在力量。""企业的价值是其未来现金流的折现，但其未来的现金流又往往取决于其今天怎么被折现。"

是这个时代的产业机遇和 A 股市场的游戏规则，给了贾跃亭做万亿市值的互联网生态帝国的产业梦；与传统的基于资源能力的战略设计不同，乐视战略完全是以终为始、长驱直入、直取中原的打法，围绕着多个产业生态和一家上市公司平台做巨量级的产融互动。

传统商学院的战略课很少涉及产融互动、资本经营，这可能跟现行的学科分类体系有关。产业经济学通常是经济学院学生而非商学院学生的必修课，金融学给人的印象似乎更接近经济学，甚至数学，往往被放在经济学院，或单独成立金融学院，而商学院的教学与研究范畴主要被限定在管理学，或就叫管理学院。

但实际上，资本经营能力与管理能力一样，都共同服务于企业成长这一统一命题。所有的学科划分都是人为设定的，真实世界本是一体的。企业家需要的是复合型思维，就像产融互动、资本经营，是从另一视角构建起新的游戏规则，在帮助企业家打开思维空间的同时，其实打开了企业的事业发展空间。

贾跃亭总是谈到"无化反，不生态"，希望乐视各子生态发生化学反应，谋求协同创新。这从产业角度看是对的。产业上的成功往往不是完成技术性创新，而是完成社会性创新，这种社会性创新需要等待整个生态系统完成整体性置换。重要的问题不在于谁比谁更创新，而在于是否有能力成规模、成体系地放量。因此我们说，产业上的成功往往不是成功本身，而是成气候。产融互动给了贾跃亭自建生态、自成气候的可能性，利用资本市场的属性、周期、情绪完成资本吞吐，辗转腾挪，反过来构建生态版图，产业创新。

在某种意义上，资本市场的估值溢价水平是企业的核心竞争优势，市值是企业支付能力的发钞权：谁更善用这个权利，谁就将在竞争中赢得先机。

企业中总是大的道理管住小的道理。大的问题如果解决了，因势利导，小的问题就迎刃而解，反之则是事倍功半。企业的成长逻辑可以简单到：有市场就有资本，有资本就有人才，有人才就有未来。的确，产融互动是把双刃剑，用好了，就能帮助企业实现跨越式发展。许多人批评乐视的内部管理混乱，但那不是企业的战略级问题。

基于重仓人才的战略

人才之于乐视高速发展的重要性，再怎么强调也不过分。甚至，乐视最近又挖了哪些大公司高管，成了企业界津津乐道的一个话题，而且是连续剧。

观察贾跃亭现在的左膀右臂——乐视影业 CEO 张昭来自光线传媒，曾创立光线影业；乐视视频总裁高飞是原酷 6 网副总编辑；乐视超级电视负责人梁军曾为联想高管；乐视手机负责人冯幸同样来自联想，曾任联想集团副总裁；乐视超级汽车联合创始人丁磊，曾任上海通用汽车总经理……大家会发现，他们中无一人是乐视创始团队成员，均在 2011 年后，即乐视网 A 股上市后加入，但是现在，他们分别掌舵乐视版图扩张中最为倚仗的各个生态事业群。

传统意义上，我们更愿意相信锲而不舍、水滴石穿的成功故事。我们认为《基业长青》谈过的道理是对的，"自家成长的经理人"总是更靠谱些。我们信赖核心竞争力学说，指的是组织内的集体学习能力是企业的核心竞争力所在，这是一个长期磨合的结果。但乐视的产业突围之路则从另一方面说明了，尽管成功终点一样，但过程各有不同，归根到底还是人，尤其领军人才，产业知识终归是跟着人走的，这就是"事业即人"的道理。

很长时间以来，我们都相信自上而下的管理逻辑：战略决定组织，组织决定人力资源。但这种"结构跟随战略"的假设主要适用于稳态经济下的大企业的战略选择。现在条件不同了，在当下突变的、非连续的环境下，机会窗口往往一闪而过，此时企业要想抢占先机，有所作为，常常没有充分准备的时间，没法儿瞄准了再开枪，而是大概估摸个方向，先开枪再瞄准，在运动战中调整姿态。

人才的重要性被大大提升了，发挥关键作用的时点也前置了。由于战略是事先未知的，是突发涌现的，一切都在快速变化，而相对稳定的战略和组织，根本无法及时做出反应。只有人，才可能根据前线的炮声和战火，即时判断、快速反应。无论进攻还是防卫，人才再次成为首要的依靠和指望。只有人，才能回应巨大的复杂性与不确定性。

因此，管理逻辑需要暂时反过来，尤其对那些致力于创新的企业，不是因岗配人，而是因人设事。业务是跟着人才走，有什么人就发展什么业务，人才版图决定业务版图。如果企业家在业务版图、组织版图、人才版图中，只能三选一，那就选人才版图吧。

就人力资源管理学科自身的发展阶段而言，历经人事管理、人力资源管理、战略人力资源管理，也逐渐发展到了人才管理阶段。不再是 Human Resource Management 的概念了，而是 Talent Management。这或许是管理蓝领工人和知识型员工的本质不同。蓝领工人或许还可以称为生产要素，借此不断优化投入产出效率，但知识型员工是与企业家类似的异质性人才，不再是提高效率，优秀人才的效能不是提高了多少百分比，而是这项业务的有或无、业绩翻几倍的问题。所谓"千军易得，一将难求"。

就像贾跃亭说的，Leader 定生死，一把手决定成败——"对一个人、一个团队最大的影响往往来自这个团队的负责人，他才是一个组织环境、文化核心决策的决定因素；他才是决定一个团队状态、员工敬业的最核心影响要素。一个部门换一个领导，同样一批员工，做出的成绩可能截然相反。Leader 定生死！"

在互联网时代，一切回到人才、服务于人才，给人才以机会和平台，才是组织的前途所在、资本的收益所在、事业的生生不息所在。

不再是传统的"战略决定组织，组织决定人才"，而是"愿景驱动人才，人才驱动战略"，甚至在某种意义上，逻辑就是反着来的：人才决定战略。

在中国情境下，重仓人才还有着本土特色。随着外资企业、传统产业这么多年的发展，形成了一批正值当打之年的、富余的职业经理人阶层，他们或多或少地遇到了职业发展的天花板，又眼见着新生代企业的蓬勃发展，跃跃欲试想建立自己的事业。近几年，股权激励、合伙人制度的兴起就与之有关。这亟须企业家以更广的胸襟、更高的管理能力，搭建更为灵活的绩效管理平台，使英雄真正有用武之地。

基于信息社会，而非基于传统的产业分工；基于产融互动，以始为终，而非基于现有的资源与能力；基于重仓人才，从战略决定组织，到人才反哺战略，是我们在研究乐视过程中感悟到的新的战略前提。未必正确，也未必具有普适性，但我们相信，管理学的又一次春天正发生在互联网时代的中国。

我们在乐视这类弄潮儿的身上，能够感受到湿漉漉的时代的潮涌。通过持续跟踪与研究当下的管理之变，提出新的假设，我们也许可以建立起当前有用而最终普遍适用的理论的某些部分。

研究战略问题的有趣之处在于，战略的好坏与战略的输赢有时完全是两码事儿。好战略未必能确保成功，成功的战略未必高明，这恰恰是生活的可爱之处，同时又使得战略学的研究更要遵循逻辑理性。

目前，乐视的"生态化反"最终能否实现，仍未可知。持乐观态度者认为乐视的未来就像"荷塘效应"：假设第一天，池塘里有一片荷叶，一天后新长出两片，两天后新长出四片，可一直到第47天，池塘里依然只有不到四分之一的地方被覆盖，但到第48天，荷叶就掩盖了一半池塘，第49天的时候，荷叶会掩盖整个池塘。

不管未来乐视的成败如何，这份舍我其谁、敢当人先的勇气和胆魄，构建生态的战略立意，以及这场大级别的产融跋涉，都足够让我们给贾跃亭及乐视人一份敬意。

到现在为止，乐视涉猎的所有领域，几乎没有一个已经建立起深厚的壁垒，使对手无法超越。乐视的生态战略还未被证实，但只要这个故事未被证伪，企业家和投资者就能够一直生活在对未来的构想与预期中。

这也许是这个时代最令人着迷的地方。

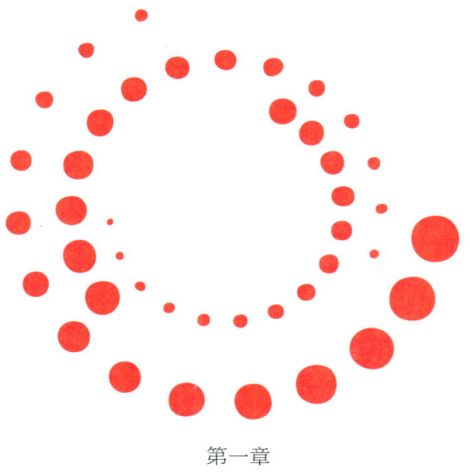

第一章

乐视的生态战略和产业雄心

自进入公众视野以来，乐视好像一直游走在两极矛盾之间，没有平衡、过渡，只有决绝、反差，争议不断，却又绝不妥协。它不断跨入新的产业，看似四面树敌，却又强调生态战略，愿与世界为友。贾跃亭对战略远景的描述也富有悖论，"乐视打造的是开放的闭环生态系统"。这更让许多人看不懂乐视了。

现实是，乐视却滚雪球般越来越大，而且能量惊人，人们越来越无法忽视它的存在。

乐视以视频业务起家，目前涉足影业、电视、体育、手机、汽车、金融、地产等多领域。乐视旗下的乐视网于 2010 年 8 月 12 日登陆创业板，当年实现营业收入 2.38 亿元，此后便进入发展快速道。2011~2015 年的营业收入分别为：5.99 亿元、11.67 亿元、23.61 亿元、68.23 亿元及 130.17 亿元。简单估算一下，年年翻倍，实现了指数级增长。另据乐视 2016 年上半年财报披露，其上半年营收为 100.63 亿元，同比增长 125.59%。

在经济新常态的当下，能跑赢大盘都不容易，更何况是业绩倍增、连年翻番。近几年走访企业，有太多企业家跟我们说起，生意不好做了，天气冷了。但就是在这样的背景下，乐视疯长，像黑马一样异军突起，锋芒毕露。

暂且不论乐视财报的技术性问题，乐视网 2010~2015 年这 6 年的净利润分别是：7304.73 万元、1.31 亿元、1.94 亿元、2.55 亿元、3.2 亿元、5.73 亿元，复合增长率是 51%。考虑到网络视频企业普遍亏损，而乐视网又是在 A 股上市，乐视旗下尚有多个板块还在烧钱，能交出这样的成绩单，可以说是不易。

营业收入从 2 亿多元到 130 亿元，市值从 40 多亿元到一度突破 1500 亿元，这无论如何都称得上奇迹般的发展速度。从一家名不见经传的小公司到今天的初露企业帝国气象，这一切，仅仅就是几年的工夫。

就像巴菲特的黄金搭档查理·芒格所说的："如果一个人宣称自己能把 800 磅的重物举过头顶，大家可能会嘲笑他说大话。但如果你看到他一次又一次举重成功，你就会开始相信他。"这很像贾跃亭和乐视的故事。

到底是什么在推动着乐视的飞速增长？是互联网时代、风口行业，还是战略先动性？业绩倍增的背后是单纯的业务组合，还是生态化反？到底是加法模式，还是乘数效应？高市值的原因是赶上了资本市场红利、财技高超，还是依靠产品、组织和人才？

这就是我们撰写此书的原因。我们希望能从产业、战略、资本、组织及历史成因等多角度对乐视进行单案例分析，尽量刻画出乐视的全貌。未必正确，但或有参考价值。同时我们也深深地感到，真的是"时势造英雄"，"没有成功的企业，只有时代的企业"；而另一方面，千万不要低估一个企业家的学习能力和一个企业的动态调整能力。

任何一个企业的成功都是多种因素共同作用的结果，是对企业家的思维水准和综合做事能力的极大考验。当然，还需要一点儿运气成分。

我们先从战略与产业谈起，跟各位读者一起重新发现乐视。

乐视到底是谁？

提起乐视，你会想到什么？

乐视是一家类似优酷、土豆、爱奇艺这样的视频网站？还是一家影业公司，如博纳影业？还是电视厂商？还是手机品牌？还是智能汽车？还是……估计用不了多久，当你再提起乐视时，首先要问的是：你指的是哪个乐视？

中国企业界曾有一个说法，"说明一流企业只需要 2 秒"，比如，谁是世界上最大的软饮料公司？不用猜，可口可乐。一个公司能用越短的时间把自己说清楚，它就越成熟、越有影响力。这既符合品牌的理念，所谓品牌就是一种瞬间联想；又和高层管理者做企业的注意力密切相关，专注成就专业，一生做好一件事。但乐视恐怕很难用一句话说清。

参照乐视高管通常给出的解释，乐视是一个以视频内容为核心的生态系统。由四个部分组成。

首先是"内容"。通过版权采购，乐视为用户提供了影视、音乐、体育等内容。此外，通过乐视影业、花儿影视和乐视自制，乐视还提供了大量原创内容。例如，近几年热播的《甄嬛传》《芈月传》《归来》《小时代》，以及被誉为网络神剧的《太子妃升职记》。内容板块可能是我们最熟悉的乐视业务，跟它起家的视频网站也有上下游关系。2015 年底，乐视网宣布，乐视影业将注入乐视网。

其次是"平台"。平台的作用体现在两方面：对内可提高运营效率；对外则是提升用户体验。例如，乐视云视频平台拥有 30T 的储备带宽，能让视频传输更稳定、更流畅。通常，它离用户比较远，我们很难感知它的存在，属于"小前端、大后台"中的后台。

接下来是"终端"。主要指的是多屏,乐视目前已拥有包括手机、电视、车机在内的七块屏幕。这是乐视最富争议之处。很多人都很疑惑,一个网络视频企业为何要做电视、手机等硬件产品,甚至做汽车?特别是汽车,它看起来和乐视风马牛不相及,而且远远超出了乐视的能力范围。但这也是乐视生态战略富有想象空间的地方——多屏运营。如乐视影业负责人张昭所言,"多个屏串联起来就是生态","有屏的地方,就有乐视"。

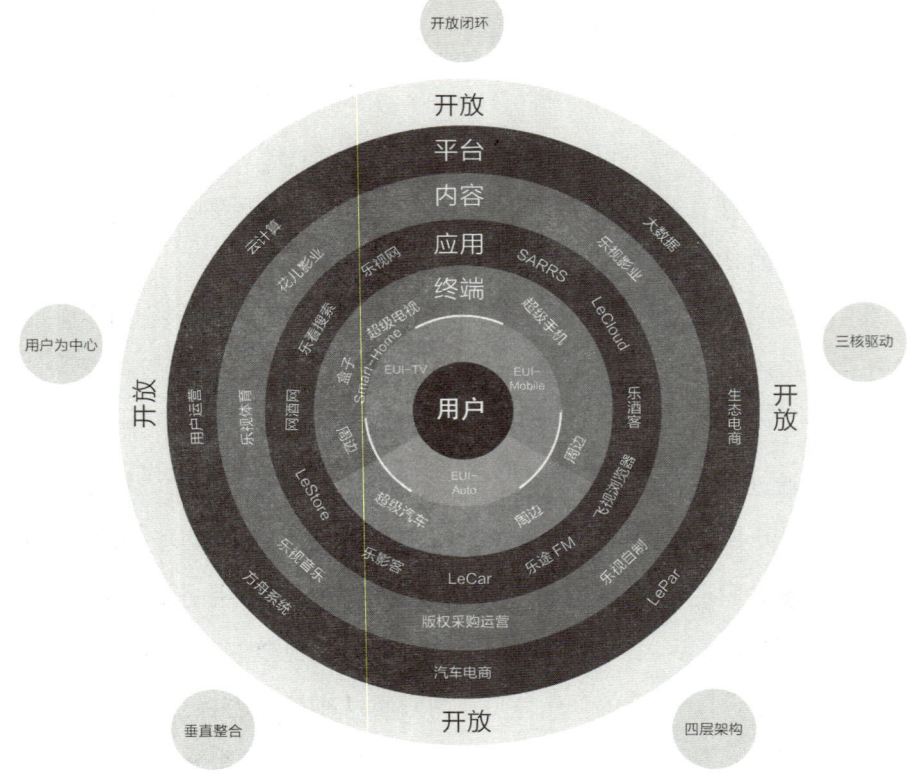

图1.1 乐视的生态系统

最后是"应用"。它是连接"内容"和"终端"的桥梁,由两个部分组成:一是乐视自己开发的核心应用,包括乐视网、乐看搜索、飞视浏览器等;二是乐视的应用商店。

以上是各组成部分,而乐视生态系统如何在一个具体业务上体现出优势?以乐视手机为例,贾跃亭曾谈道:"无颠覆,不出手,我们独具特色的EUI(Eco User Interface)是用户生态交互系统,是跨生态、跨终端神经中枢。是基于乐视生态打造跨终端的一云多屏,多屏一致,极致体验的人机操作系统,是用户与乐视生态连接的桥梁。EUI重新定义手机UI系统,让手机由智能时代进入生态时代,以EUI为核心的完整生态系统,将变革软硬结合的智能手机现有模式。"或者这正是乐视基于生态做加法的原因。

从发展历程看,乐视的生态战略未必是理性规划的结果,一个企业的成长往往是误打误撞、越做越像。眼下乐视的"四面出击",不是速成,而是历史沉淀的结果。

例如,2006年底,乐视网将重心转向PC端。在当时,中国的带宽并不高,乐视网开始在各地铺设节点服务器,建立CDN(内容分发网络)——这是云视频平台的雏形。

2008年,乐视娱乐问世。通过它,乐视开始尝试做原创。2011年,乐视娱乐变身为乐视影业,为乐视占有内容优势立下了汗马功劳。

为获取电视用户,乐视网在2009年成立了TV事业部,开始研发网络超清播放机(乐视盒子的前身)。2011年,乐视盒子正式推出,为后期做电视打下了基础。

2011年,乐视在行业中首次提出生态理念,并成立乐视影业。2012年,发布"平台+内容+终端+应用"的全产业战略,并宣布进军电视。

2013年,推出超级电视,乐视网营业收入突破20亿元,乐视网市值超过

300亿元，超越优酷土豆，成为中国市值最高的视频企业。

2014年，成立云计算公司和乐视体育，并宣布进军智能手机和电动汽车。

2015年，推出手机、入股酷派、入股TCL、并购易到。乐视网营业收入突破100亿元。市值突破1000亿元，成为排名第五的中国互联网公司，仅次于BAT和京东。

2016年，超级汽车正式亮相、"互联网金融生态"浮出水面、超级汽车工厂落户浙江、乐视生态全面落地美国……

乐视形成今天业务如此庞杂的大生态体系，必然中有偶然，偶然中有必然。偶然是一个个具体业务，很可能刚好是事儿赶事儿碰上了；必然是业务导向，从根儿上看，业务导向皆来自乐视在实践中形成的前提假设，是一个企业的事业之理论、经营之哲学。

第一，影响用户体验的要素很多，只有要素整合，才能提供极致体验。

贾跃亭曾谈道："比如乐视网TV版，如果要做通用版本，既要适合普通的互联网电视，又要适应智能电视；既要适合不同架构的处理器，单核、双核的；内存要适配512K、1G、2G。所以乐视网TV版永远只能妥协。"

"苹果所有应用是针对它自有硬件。从硬件到软件到内容、到服务、到平台，它们是完美地融合到一起。"贾跃亭如是说。

这个道理是好理解的，用户体验是一种整体感。因此，只买版权是不够的，还必须介入内容制作。只使用网络还是不够，必须自己构筑"云"。要想有好的观看体验，就必然离不开终端。只有屏好，色彩才逼真，而且终端的系统、音质也要好，才能让娱乐体验更完整。于是，乐视相继推出了电视、手机、汽车等产品。

对此，贾跃亭认为："工业时代的思维是各干各的。一个硬件要适应所有软件、所有互联网应用。我们要做的互联网应用，要适配所有硬件。所以不能打造极致体验的产品。"

但问题是，是不是所有的事情都要自己做？边界何在？例如，乐视做电视，大家能接受，毕竟视频内容和电视高度相关。做手机也能理解，在移动互联网时代，谁不想抢占入口？但做汽车，就让许多人摸不着头脑了，甚至有人揶揄道，"如果 SpaceX 再射几次火箭，估计乐视就要造超级火箭吧？"

乐视造车为的不是汽车本身。用贾跃亭的话来说，这叫"用未来定义未来，再用未来定义现在"。在他看来，未来的汽车不仅仅是一辆汽车。它的发展趋势是电动化、智能化、互联网化和社会化（即汽车共享）。经历"四化"后，机器只发挥机器应该发挥的作用，不会过多占用人的时间。在这个相对封闭的空间里，同样可以尽情娱乐。

"当汽车能够以光速联网的时候，其实汽车已经不是汽车了，真正的会变成智能交通的全新的互联网生活场景，汽车的出行工具从 A 到 B 是基础功能，A 到 B 真正发生了什么是真正的变革机会。"贾跃亭这样表达他对汽车的理解。

贾跃亭认为，汽车将会成为互联网生活的重要场景，而通过和阿斯顿·马丁、法拉第未来等企业的合作，乐视已经把电动化、智能化、互联网化和社会化所需要的能力构建完毕，接下来就是实现量产，让社会购买、检验。

当然，这些要素还不是简单的叠加，而是通过整合带来极致体验。例如，2016 年 4 月，乐视推出"九路流直播"。也就是说，在终端屏幕上可同步直播 9 场比赛，或一场比赛通过 9 个视角展示。在多个视角中，有一个是常规视角，可以看到全局；有两个视角只盯着教练席，通过它们，可以看到教练席的反应；有一个视角只盯着最爱的球星，通过它，能随时看到这个球星的表现。可以想象，对于体育迷来说，这确实是一种美妙的享受，同时"眼观九路"，既看到比赛全局，又能盯住球星，还能看到教练席。

图 1.2　乐视的"九路流直播"

不过，为了实现这个功能，需要整合内容制作、编解码、视频传输分发、CPU/GPU、内存、屏幕、互联网应用等多个要素。这显然并不容易。

所有的要素结合在一起，才能得到一个最终想要的结果。就像在化学实验里，不同元素相遇、碰撞后，可以产生新物质。乐视也希望不同要素间能发生化学反应，产生新物种和新价值。因此，"生态化反"成为乐视和贾跃亭的标签，出现在大大小小的场合。

第二，只有垂直整合，才能打破创新壁垒。

用户体验的结果源于价值创造的过程。在贾跃亭看来，专业化分工已落伍。在分工森严的体系中，每个产业只关心一个环节，形不成合力，不能共同为用户创造价值。此外，产业分工间相互牵制，有时是单个环节过度创新，或整个产业链整体平庸。因此，要进行产业链垂直整合，甚至跨产业链垂直整合，才能进行彻底革新。

对此，贾跃亭有一个非常形象的表述："原来创新很难，因为当你进行重大创新的时候，你得需要问上游，问下游，甚至问周边这些产业参与者，这样的创新可以吗？如果一家反对这种创新或者创新速度慢的时候，创新是没有办法实现的。所以，这就形成了一个非常糟糕的蝴蝶效应或者是瀑布效应。当上游断水的时候，下游是不可能有非常流畅水的供应的。"

在这一指导思想下，乐视相继进入了网络视频、内容、云计算、体育、智能终端等多个产业，形成了互联网和云生态、内容生态、体育生态、大屏生态等七个子生态。

表 1.1　乐视的七大子生态

七大子生态	内容及发展现状
互联网和云生态	指乐视的云视频平台。它可以为乐视的所有成员服务。例如，乐视所说的"一云多屏"。此外，它还是一个开放的平台，可以为企业和个人提供直播、点播、CDN加速、快速建站等服务。通过这个平台，用户可以更便捷地存储和传输视频。
内容生态	这是乐视生态系统的核心，也是整个系统和用户建立关系的纽带，包括：乐视影业、花儿影业、乐视自制、版权采购运营、乐视体育、乐视音乐。在内容上，乐视的核心竞争力是影视和体育，它的主要成员都来自这两个领域。
体育生态	指乐视体育，脱胎于乐视网的体育频道。某种意义上，乐视体育是乐视网的翻版：首先，通过购买大量版权建立内容优势，接下来，进行产业链的垂直整合，包括赛事运营、智能场馆、智能硬件、体育装备、彩票、票务销售等。
大屏生态	指超级电视打造的生态系统，和乐视生态一样，它同样具备四层架构。2016年底，乐视超级电视保有量将超千万，这意味着超级电视将可能进入到中国电视销售的前三名，甚至第一。
手机生态	指超级手机打造的生态系统，它同样是四层架构。另外，超级手机还是超级电视和超级汽车的"控制面板"。
汽车生态	在汽车领域，乐视同样是全产业链。除了智能电动汽车的研发、生产制造和销售，乐视还完成了车联网、充电桩、汽车共享与社会化运营等领域的布局。
互联网金融生态	通过布局小贷公司、申请保险牌照、推出理财产品等方式，乐视的"互联网金融生态"已经浮出水面，其全貌还有待披露。

在各个子生态，乐视基本上都进行了产业链垂直整合。例如，乐视体育不但购买了大量版权，还从事赛事运营、智能场馆、智能硬件、体育装备等业务。在汽车领域，除了自主研发的超级汽车，乐视还推出车联网，并投资了充电桩。此外，乐视还收购了易到用车，为汽车共享和社会化运营做准备。

贾跃亭用"开放的闭环"形容乐视，兼顾悖论。"闭环不就是封闭的吗？为什么是开放的闭环？我们讲苹果是封闭的闭环，它的确做得非常极致，闭环就是能够产生跨界创新，能够打破产业边界，能够产生新的产品体验。但开放是真正能够聚集社会的力量进入这个生态当中，形成不断地自我进化。"

乐视整个生态体系能否最终化反，尚有待观察。不过，乐视进入的每个子生态都是一个大产业，甚至是万亿级的市场。随着时间流逝，已战绩初显。

2016年4月，乐视体育获80亿元B轮融资，公司估值约215亿元。此外，根据艾瑞iVideoTracker的数据，在人均有效播放时长、日均有效播放时长、覆盖人数等关键指标上，乐视体育是体育视频领域无可争议的霸主。

2016年5月，超级手机销量突破1000万台，成为手机行业最快破千万的新晋品牌。

2016年6月，乐视宣布，超级电视三年来累计销售约700万台，在2016年底，乐视超级电视保有量将超千万，这意味着超级电视将可能进入到中国电视销售的前三名，甚至第一。

2016年9月，超级汽车完成首轮融资，融资额超过10.8亿美元，投资方为英大资本、深创投、联想控股、民生信托等知名企业。

互联网时代的"方程组"利润模式

生于互联网时代，这一代企业家几乎无可回避地要面对一个矛盾的世界和双重挑战：一方面，互联网还没有改变许多事物的本质，汽车必须首先是汽车，豆腐必须首先是豆腐，尽管也要面对升级换代的考验；另一方面，面对这个崭新的时代，所有人都没有经验，经营模式驶入无人区。无人领航，无既定规则，但又有无限可能。

英国著名科幻作家 A. C. 克拉克（《2001：太空探险》作者）总结的基本定律很适合用来描述这个互联网时代的商业创想与实践创新。

定律一：如果一个年高德劭的杰出科学家说，某件事情是可能的，那他可能是正确的；但如果他说，某件事情是不可能的，那他很有可能是错误的；

定律二：要发现某件事情是否可能的界限，唯一的途径是跨越这个界限，从不可能跑到可能中去；

定律三：任何非常先进的技术，初看都与魔法无异。

不过，不管各类满天飞的学说已经把商业异化到什么地步，最终还是万法归宗，所有的商业终归是一门买卖。在赢者通吃的互联网江湖，竞争空前激烈，对抗无比残酷，大家把战场也前移了。从竞争"顾客"到竞争"用户"，那么多互联网企业倒贴钱就为了用户数，许多竞争对手死于不挣钱的买卖，这是此前的时代很难想象的。

这就是互联网时代的战场前置：要先有用户、用户的黏性，然后才会有顾客、顾客的价值回报。这无疑让企业盈利变得更难了，利润回报周期被拉长了。

乐视的做法也是如此。先通过产品或服务获得用户，再围绕用户进行开发。我们将乐视的做法总结为"三部曲"。

第一步，以极致体验黏住用户。如前文所述，通过"平台＋内容＋终端＋应用"，乐视希望提供极致体验，从而将用户牢牢抓在手中。

贾跃亭表示，电视、手机、汽车分别代表家庭、随身和出行。在这三个场景下，乐视都能提供极致产品。"而且这是一家公司做三个产品，把这三个产品彻底打通。不是说电视你用三星的，手机用苹果的，汽车开奔驰的。乐视未来希望打造高品质、截然不同的生态圈，这是我们的基本面。"

打通三个终端，可以带来什么体验？在和我们交流时，乐视人描绘了一个美好的场景：

> 你想使用一辆车，手机告诉你离你最近的车在哪儿，并把你指引到车前——这是一辆社会化运营的车，闲置时人们可以使用它。在你走近车的时候，车门自动打开了（手机会和汽车发生感应）。而且，通过云端，你的历史消费记录已经被汽车直接下载，所以，座位的高低、方向盘的远近、你喜欢什么内容，都已经准备好了。也许上车前你正在用手机听一首歌，这时会自动切换到汽车上，你可以继续听。在行驶过程中，你听了一会儿新闻，还看了一会儿球赛。使用完后，你直接下车——你的账号会自动支付费用，车又重新回到社会当中。回到家中，你说了声："你好，小乐！"电视就直接打开了，你在汽车里没完成的事情又自动展示在电视屏幕上。

"这就是跨界融合创新才可能有的体验，这世界总要有一家企业去干吧？这个体验就是我们所谓的用户为价值埋单。你说这个价值用户不埋单吗？我不认为，但用户绝不应该仅仅为硬件埋单。所以，我们认为乐视的核心竞争力，就是真正愿意将平台、内容、终端、应用和多场景进行跨界创新，从而让用户的体验达到极致。你说我们现在做得非常优秀吗？我不敢这么说，我们还在半路上，还要让这些事情发生得更彻底，但这就是我们要走的路。"乐视控股战略管理副总裁阿木说。

第二步，以用户数据获知需求。无论是通过平台，还是通过内容或者应用，尽可能积累数据，以了解用户的全貌，掌握市场洞察，获知消费意愿。

终端离用户最近，也是与用户交互最多的要素。贾跃亭表示："我们的目标是希望拥有更多的高价值用户，所谓的高价值用户是生态型用户，24小时产生关系。"

显然，能和用户24小时产生关系的，只有终端。特别是手机，它已成为现代人不可或缺的物品。某种意义上，手机已成为人类器官的延伸，是一种新的器官。

第三步，以多重服务赢得利润。通过多个终端捕捉用户行为，用户画像变得愈发清晰，研销一体化更加精准，形成基于用户提供多重服务的盈利模式。

（1）硬件。指超级电视、超级手机、超级汽车等主力产品。

（2）会员费。这是大家所熟知的，目前分为影视会员和体育会员两大类。

（3）应用。通过推广应用或者游戏，获得分成。

（4）广告。足够了解用户时，广告的含金量将更高。以超级电视为例，它有三个"广告位"——开机广告、屏保广告和关机广告。通过观看记录、乐视商城购物记录等，乐视可以获得丰富的数据信息，从而实现精准推送。另外，如果使用体感控制、视频通话等功能，需要安装摄像头，这也会让推送更加准确。摄像头可以侦测到家里谁在看，是老人还是小孩。它不会采集任何隐私信息，但可以自动识别。如果有小孩过来，乐视的推荐马上会屏蔽少儿不宜的内容，或者推荐与儿童相关的产品。

（5）衍生产品和服务。通过核心功能吸引用户，再为用户提供一揽子服务，是BAT的典型玩法。根据自身特点，乐视已经做了适度延展，推出了四类衍生产品和服务。

a. 智能硬件和配件。包括蓝牙耳机、行车记录仪、智能钢琴等。此外，还有一些相关配件，如音箱、游戏手柄，等等。

b. 体育周边。包括装备、智能硬件、彩票、保险、场地，等等。

c. 娱乐周边。包括影视票务、根据影视剧开发的衍生品等。

d. 购物。乐视可以像天猫一样，成为一个购物平台，一头连接用户，一头连接卖家。

北京大学国家发展研究院BiMBA商学院院长张黎教授认为，可以把乐视看作互联网时代的迪士尼——迪士尼通过内容吸引儿童，然后围绕儿童的需求做衍生品开发，包括文具、服装、玩具等。例如，当年热播的电影《冰雪奇缘》，在播出半年内，光一件衣服就卖出了上百万件。衣服的售价是149美元，远高于电影票。

"可以想象，通过内容，乐视可以植入多少广告，卖多少东西。硬件是导口，先把人吸引进来。然后，通过内容，建立网上交易平台卖东西，这就叫'生态化反'。乐视先下手的是体育，通过独家内容吸引粉丝。人来了就好办了，很多东西都可以卖给他们，包括装备、智能硬件、彩票、保险、场地等等。"张黎说。

关键在于用户。一旦拥有足够多的用户，盈利模式就会层出不穷。例如，超级电视在未来可能会推出专项频道。该频道由企业客户运营，通过这种方式，企业可以获得与用户直接互动的机会。现在很多奢侈品企业都是通过开专卖店和打广告塑造形象、招揽顾客。如果在超级电视开辟专项频道，可以通过内容来吸引用户。

同时，我们也可以看到，与传统电视厂商有所不同的是，乐视更强调"存量"，而不只是"销量"。针对不同的消费人群，乐视也推出了差异化服务体系。仅桌面就有六种：儿童桌面、游戏桌面、体育桌面、同步院线桌面、乐见桌面和购物桌面。通过桌面，不同身份的用户可以快速连接内容、服务。这都反映出乐视的用户思维，而不仅是顾客思维。乐视不惜以硬件负利扩大用户数，为的是谋求更长远的发展。

"乐视从不追求挣快钱和很高的硬件毛利，而是希望能够真正把用户服务好，把用户体量做大后，自然而然产生企业利益。"贾跃亭说。

实际上，这就是互联网企业在以用户重新划分领地与势力范围，由于竞争的残酷性，作为后来者的乐视不得不选择更高难度的动作。某种意义上，做企业就像是解题，在自我设定的游戏规则下对利润求解。

每个从事商业活动的人，几乎都能看懂的就是一元一次方程，它最容易，也最容易模仿。坦诚地说，许多爆品战略都是脆弱的、难以持续的。后来，有的企业选择了多元方程，有的企业选择了多次方程，为的都是提高竞争壁垒。

很有意思的是，乐视基于用户的模式不是先解完 A 方程，再把答案代入 B 方程，然后代入 C。它不着急一个方程的答案、利润，而是很快构建了一个庞大的方程组，然后开始了复杂的解题过程。它要等着这个方程组放大招，最终实现"生态化反"。

风险与机遇同在。这个方程组的模式很重，抗击打能力有可能很强，但也可能最终非常脆弱。"方程组"利润模式是这个时代互联网经济下的产物，很冒险，但富有勇气。

从业绩看"生态化反"

在乐视创造的诸多新概念、新词汇中,最热门的恐怕就是"生态化反"。但乐视到底有没有产生"生态化反"?需要从业绩角度做分析。

在乐视生态中,上市公司乐视网是主体,除了乐视移动智能(负责手机业务)和乐视汽车外,乐视致新(负责超级电视业务)、乐视云计算、乐视体育等均是乐视网的控股子公司或重要参股企业,乐视影业也即将注入乐视网。因此,可以将乐视网作为分析标的。

要特别说明的是,我们认为有没有"生态化反",须看整体表现。因此,这里采用的是合并报表数据,而不仅仅是母公司数据。

从营业收入看,乐视网的增长非常迅猛。从 2010 年到 2015 年,乐视网的营业收入增长了近 54 倍,年均增长率超过 125%。不过,净利润的增长要逊色很多。

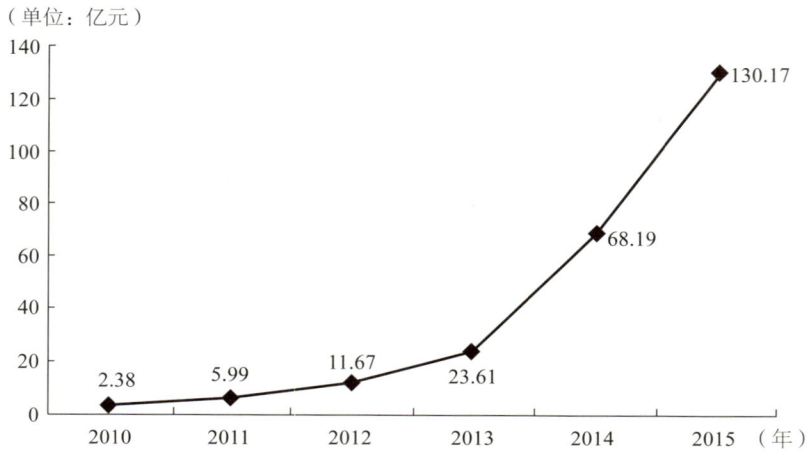

图 1.3　乐视网 2010~2015 年营业收入(合并报表)

第一章 乐视的生态战略和产业雄心

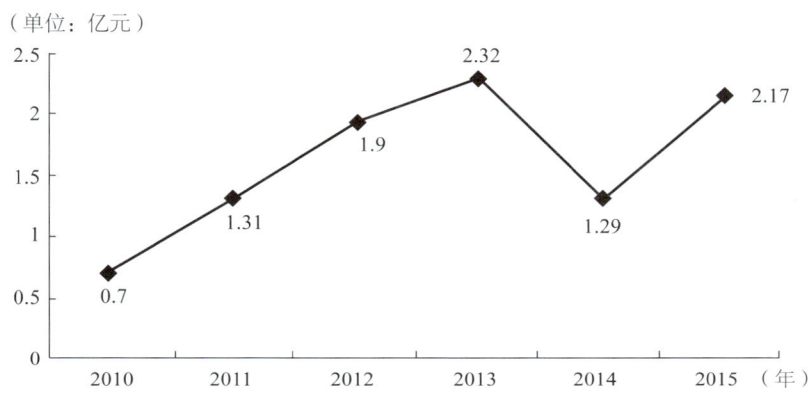

图 1.4 乐视网 2010~2015 年净利润（合并报表）

2012 年，乐视网营业收入首次突破 10 亿元，净利润为 1.9 亿元。2013 年，乐视网推出了超级电视，营业收入同比增长一倍，净利润同比增长了 22%。2014 年，乐视网营业收入继续攀升，净利润为 1.29 亿元，低于 2012 年。2015 年，乐视网营业收入突破 100 亿元，合并报表的净利润为 2.17 亿元，仅比 2012 年高 0.27 亿元。

净利润为何没有赶上营收的脚步？显然，是硬件负利（主要是超级电视）的模式"拖了后腿"。乐视致新成立于 2012 年，从年报上看，其亏损逐年递增。2015 年，乐视致新亏损近 7.31 亿元，净资产为 –2.02 亿元。另外，乐视云计算和乐视体育还处于布局阶段，均有一定程度的亏损。

2013 年起，乐视网将营业收入分成了四大板块：广告业务、终端业务[①]、会员及发行业务（包括会员费和版权分销）、其他业务（指还没有形成规模的收入，

---

① 2013 年的终端业务包含销售的终端产品及首次缴纳的服务费，其他两年的终端业务仅指销售的终端产品。

例如云视频平台业务、技术开发服务等）。我们可以从业务占比角度，再来看看乐视网。

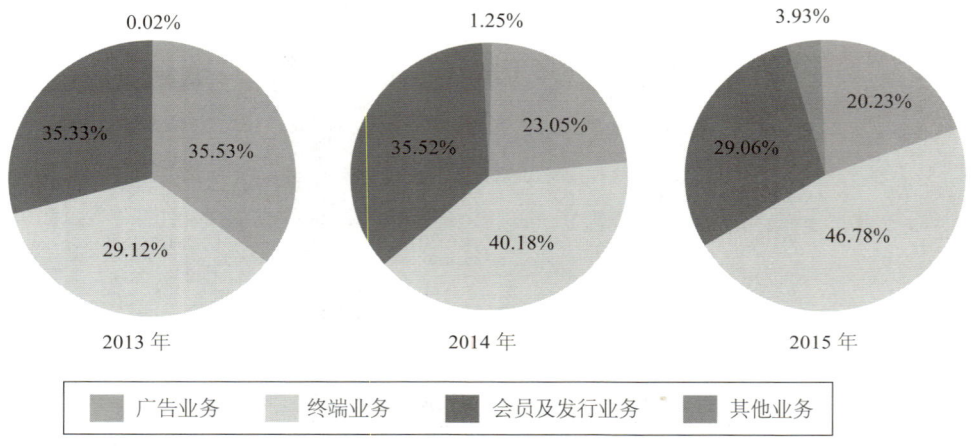

图 1.5　乐视网 2013~2015 年业务占比

可以看到，终端业务占比越来越高。2015 年，终端业务几乎占了半壁江山（46.78%）。在终端业务的带动下，会员及发行业务占比比较稳定，2015 年接近 1/3，广告业务占比则不断下降，2015 年为 1/5。

从收入占比来看，终端销量越来越好。不过，这也说明了一个问题：其他两项业务的占比还不够大。理想状态应该是：随着终端业务的推进，广告业务、会员及发行业务也大幅增长，从而带动净利润的增长。

乐视认为，终端占比较高，是因为硬件还处于放量阶段。乐视商业模式的前提就是用户激增，用户体量才是近年的主要矛盾，因此，要用未来的收益补贴当下的放量。也就是说，乐视的用户数量存在一个临界点。只有超越临界点，乐视模式才可能发挥威力。

从终端看，乐视的进展还是比较顺利的，特别是超级电视。根据中怡康发布的数据，2016年4月，超级电视在中国彩电整体市场的占有率超过1/5，成为全行业、全渠道双料冠军。其市场存量在2016年底很可能达到1000万台。联手TCL后，乐视的地位将更加稳固。

此外，乐视表示，截至2016年5月，超级手机总销量已突破1000万台。但从业绩上看，乐视还处于布局阶段，生态效应的威力还没有完全展现出来。

我们认为，对乐视而言，2016年和2017年是极为关键的两年。在用户规模达到一定量级后，其"生态化反"到底有多强，将迎来终极大考。

据2016年上半年财报，乐视网营业收入超百亿元，是去年同期的2.26倍，但净利润增长率为–26%。由此可判断，在2016年上半程，乐视网仍处于补贴用户阶段。年终成绩单是否亮眼，还要看下半程的表现。

生态战略的背后及未来挑战

从业绩看，乐视的生态战略还在跑马圈地，尚未百花齐放。但我们也能清楚地感知到，产业边界愈发模糊，企业间的对抗正演变成为不同生态间的较量。

事实上，"生态战略"一词并非乐视的发明。早在乐视之前，BAT等就已打造出庞大的生态系统。但在乐视的宣扬与推动下，"生态战略"的概念变得越来越流行，甚至在某种程度上成为互联网企业的标配。乐视网的老对手——优酷土豆，后更名为合一集团——也正在打造"多屏文化娱乐生态系统"。

这一系统同样以内容为核心。不过在定位上，优酷土豆选择了不同的方向，其内容以自频道为核心。优酷土豆认为："技术门槛的降低和用户拥抱视频的热情将点燃自频道爆发的引擎，让网生内容空前繁荣，超过版权等传统内容是必然趋势，无论是文化娱乐的爱好者、从业者还是创业者都将成为网生内容生产的主体。"他们同时成立合一影业、合一文化，分别从事电影和电视剧的制作、投资，即自制与版权采购并重。

值得注意的是，优酷土豆并没有把自己局限在内容产业，而是做了两个方面的跨界：第一，围绕优质 IP，进行游戏开发，打造"影游合一"；第二，将视频和电商结合，力求"屏幕即渠道、内容即店铺"。

2016 年 4 月，合一集团正式完成私有化，成为阿里旗下全资子公司。可以想象，视频电商这种新形式将成为优酷土豆的重要武器。这意味着，优酷土豆可以不再依赖传统的盈利模式（广告＋会员费）。如果这一转型能够成功，优酷土豆就可以在内容上进行更多投资，从而拉开与竞争对手的距离。

此外，由于阿里巴巴本身已打造了一个数字娱乐生态，其成员包括阿里影业、华数传媒、天猫魔盒等，优酷土豆和阿里巴巴这两个生态之间还可以进行联动，包括内容生态投资、家庭娱乐、程序化售卖、大数据等。

由此可见，在重新定义产业边界的当下，一批互联网企业群雄并起、逐鹿中原，都不约而同地选择了生态战略的王者之路。其背后都有两股力量的推动，这两股力量不断壮大、交汇，渐成洪流。实际上，当企业做大了之后，企业家总是跃跃欲试地要成为产业链、价值链的组织者，主要是两个方向：要么前向一体化，统一于技术，谋求技术扎根；要么后向一体化，统一于市场，谋求市场扎根。当现在技术与市场条件都发生变化时，企业谋生存、求发展，就大有顺势而为的必要了。

第一股力量是技术。随着物联网、云计算、大数据等技术的兴起，企业之间的"可连接性"变得越来越强。这直接反映在商业生态系统内涵的变化上。

1993 年，詹姆士·穆尔（James F. Moore）首次提出"商业生态系统"这一概念。当时的定义是：以组织和个人（商业世界中的有机体）的相互作用为基础的经济联合体，是供应商、生产商、销售商、市场中介、投资商、政府、消费者等以生产商品和提供服务为中心组成的群体。它们在一个商业生态系统中担当着不同的功能，各司其职，但又形成互赖、互依、共生的生态系统。

之后此概念得到了越来越多的关注。例如，2004年，哈佛商学院教授马可·扬西蒂（Marco Iansiti）在《哈佛商业评论》上发表了《制定战略：从商业生态系统出发》，在这篇文章中，作者认为为做出正确的战略决策，企业家必须了解公司赖以生存的商业生态系统，以及公司在系统中扮演的角色，例如，沃尔玛和微软就是打造生态系统的典范。

不过，随着移动互联网的发展，跨界的兴起，原有的商业生态系统理论已越来越难指导实践。根本原因在于，前述理论只把眼光放在某一产业，而现在的现实是，产业边界被不断打破，产业链和价值链被重构后，不断有新物种产生。究其根本，世界上原本也没有什么产业，产业只是一种人为划分，而信息权力成为重构产业的新依据。

以乐视为例，一个企业横跨七大产业，放在此前的时代，这是难以想象的。

第二股力量是用户。在技术的推动下，用户愈加挑剔，用户主权时代到来。很多时候，用户需要的是一揽子解决方案，且基于场景，而不再是单一产品或服务。

以智能手机为例，它越来越不只是一个交流工具——让不同的人连接在一起，而且可以为我们提供各种服务。在2014年出版的 Shared Purpose 一书中，作者詹姆士·穆尔有一个非常形象的说法，The thousand companies living in your smartphone（数以千计的公司"住"在你的智能手机中）。

苹果重新定义手机后，智能手机便成为一股不可逆转的潮流，迅速冲垮了诺基亚、摩托罗拉等传统巨头。而当苹果推出 iPhone 后，"软硬一体化"又成为很多公司的当然之选。例如，亚马逊推出 Kindle（电子阅读器），微软拿出了 Surface（品牌名，硬件平板电脑），皆因能带来更完整的用户体验。

尽管不能"唯生态论"，但存亡之道不可不察。我们观察到，这几年企业间的处境是更明显的"冰火两重天"，即在经济增速总体放缓的大盘下，内部呈现出堪称剧烈的结构性调整，受到新技术和新文化浪潮的影响，一批刚刚下半场入场的新兴产业、新生代企业风头正劲，正在大规模替换上半场选手。每一轮趋势都是一次大洗牌，识时务者总能抢占先机，问题的关键是，实现弯道超车的是不是你？

以乐视为例，2012 年 9 月，乐视宣布进军电视。无论是业界或投资者都不看好，接下来的 3 个月里，乐视网股价缩水四成。不过，乐视用自己的行动进行了还击。2013 年 5 月，乐视推出了超级电视。在这一年，乐视网的营业收入突破 20 亿元（终端业务占近 1/3）。此外，乐视网的市值超过 300 亿元，超越优酷土豆，成为市值最高的中国视频企业。在乐视的带动下，其他公司也纷纷跟进。例如，TCL 和爱奇艺联合发布"TCL 爱奇艺电视 TV+"，小米推出了电视。更重要的是，这些跨界打劫者对原有产业格局造成了巨大冲击。

此前，中国智能电视行业的格局非常稳定，行业前五名几无变化。但这次不同了。根据中怡康发布的数据，2016 年 4 月，乐视超级电视在中国彩电整体市场的占有率超过 1/5，成为全行业、全渠道双料冠军。

2016 年 4 月，TCL 董事长李东升表示，面对乐视这样的搅局者，他曾经想掐死对方，但是，经过一番挣扎后，他意识到潮流不可逆转，最终选择和乐视走到一起。

"凡不能毁灭我的，必使我强大"，尼采此言或为这个新老交替时代的残酷物语。究竟是生态,还是被生态? To be or not to be,这的确是一个严肃的选择。

乐视的成功之处及将要面对的挑战,我们最终总结为两点:

第一,做企业总是"大的道理"管住"小的道理",行业>经营>管理,取势至关重要。在大的行业景气下,先跑起来,管理弱一些也没关系。每一个企业家都要建立起产业观,拥抱生活,相机而动,为自己的企业打开下一步的事业空间。

就像贾跃亭说的,他热衷于对产品未来的研究,"每一次社会进步,都是技术的变革,最终反映的都是产品的变革。所以对技术和产品的高度的喜爱,就会对未来的技术趋势和人们生活的趋势产生一定的感觉。"

某种意义上,乐视能有今天就是硬生生杀出了一条血路。所谓"造势优于借势,谋局重于谋子"。当业务冲起来了,趋势一旦建立就难以逆转,资金、人才、管理都会做相应跟进,最怕的反倒是企业的战略格局打不开,事业空间不在了。

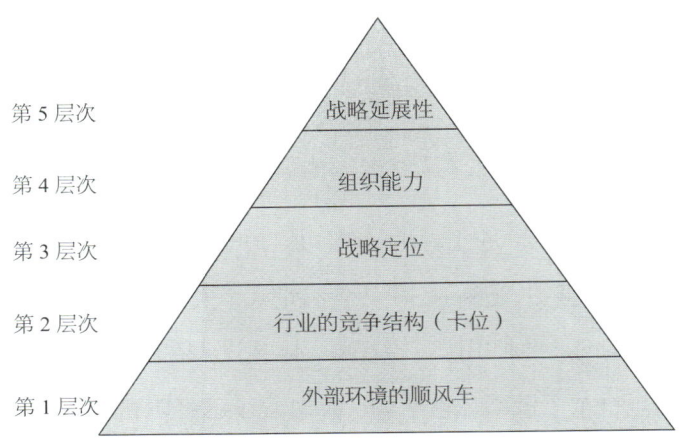

图 1.6　企业发展的五个层次

第二，大量的中国企业早晚都要面对高速发展期之后的管理。我们观察到，企业在不同发展阶段的"主动力"是不一样的。

早期往往都是赶上了外部环境的顺风车；之后是与其他跟进者角力，销售、品牌、抢占消费者心智成为此时的重点；然后是战略层面的定位，让所有努力都为着一个目的而具有某种秩序；接着是组织能力建设，但凡一个企业上了规模，战略思考也到位了，往往是被组织能力卡住了脖子；最后是战略延展性，从做什么是什么，到做什么不是什么。

我们能够猜想到，因乐视业务放量太快，产业跨度太大，给组织内部带来了巨大的管理挑战。但这往往就是一个企业从大到伟大的关键一跃，而不要——

兴于行业，盛于经营，衰于品牌，亡于管理。

战略思维有三种，乐视选了最难的路
——专访乐视控股战略管理副总裁阿木

问：对于乐视的布局，很多人说看不懂。能否详细介绍一下乐视的思路？

阿木：乐视成立于2004年，是做视频服务的。既然做视频服务，就得有内容，更重要的是，内容质量要高，不应该只是几个人拍了几个视频放在上面，各种搞笑，猫猫狗狗的。要把电影、电视剧、综艺这些有质量的内容放在网上，不一定只是通过电视或者院线才能看到，那时候就已经明白了这是趋势，这是替代，而不是锦上添花。

首先，要有内容，你敢不敢去构筑内容，乐视敢，所以就买它。在当时，互联网企业买版权，其实是非常傻的事儿——很多人都在 BT 上放了种子，随便都可以下载，为什么要买它？这是第一，你得敢于构筑这个能力，不能因为这样那样的问题就不构筑。

但是，还有一点很重要，云的支持能力。在一个非常糟糕的网络环境下，你怎么能够分发内容，让用户能够在一兆不到的带宽里，还能够尽快调取有一定清晰度的内容，这叫体验，必须得构筑。放眼望去，当时中国没有一个企业能够提供这个服务。如果有，乐视也不会自己建了，所以就开始投资云的能力——在全国各地布内容分发节点，开始购买带宽，逐渐从 1T、2T、3T，到现在的 20T。

进一步，乐视洞察出了家庭会从功能电视进入智能电视时代，当然，那时候其实不只是乐视看到这个趋势，好多企业已经开始尝试。一些中国企业也推出了智能电视，但体验很差。

首先，内容很少，比如自带了 200 部电影，然后就结束了。所以世界上没有一个人会满意，因为谁都不能找到自己全部想要的。交互也非常差，因为电视没有操作系统化，它不能安装应用，不能更新，不能因为用户的反馈来迭代。那时候的键盘都是 1234567890，No Way，这不可能交付一个互联网服务。

所以，回到那个时候，视频内容除了在 PC 和手机上开始崛起之外，家庭这块处女地实际上是呼之欲出，但是体验成了最大的障碍。这块处女地，没有被开拓，不是因为大家没有想到，是因为这个体验没人在乎，谁都想用"智能"这个噱头去卖电视。这是不对的——那一刻能够意识到这样不对其实很难。

最初我们出的什么呢？盒子，因为电视的更换还是非常困难的，我先用盒子让你享受到互联网服务。因为背后有云的支持，所以在一个 25 寸及以上的大屏幕下，还有不错的内容体验，全世界我不敢说，至少当时在中国只有乐视能提供，因为我的云平台是为了视频服务来建设的，所以这个云就可以很好地在大屏下也让你有不错的体验。屏幕变大了，清晰度必须得高，否则根本没法看。所以，有了云，就有了做家庭的可能性。然后，就是操作系统做了创造，安卓底层下的可运营的操作系统才能提供互联网服务，才能够交互。因此当时出了超级遥控器，完全不一样的遥控器，很多人都觉得奇怪，怎么遥控器可以长这样，上面还有触控，可以直接操作屏幕上面的鼠标。

第三个，内容。因为从创办起就开始构筑版权，所以大屏当中最苛刻的内容消费得到了满足。但是还不够，不够在哪呢？有一个非常重要的体验没把控，就是运算能力，它得支持未来更高技术的这种互联的消费，那我就得介入电视本身。

谁愿意做硬件？不是因为我愿意做硬件，这是体验不可或缺的部分，假如这个电视的芯片是一个最 low 的芯片，是一个非常小的 512K 的内存，里面的主板是一个只用 200 块钱打造起来的主板，你怎么能想象它能够跑得起互联网服务，它怎么能够跟云之间进行高速连接，怎么能下载一个游戏还能玩得这么爽快，怎么能去支撑遥控器的瞬时的信息交互……如果不介入终端的智能部分，你是没可能让体验真正有突破的。盒子实际上是 0.5，电视推出那就是 1。

我们推出的屏幕在市场上是偏大的，至今都是。为什么？屏幕越大体验越好，我是从体验角度来定义我应该推多少。电视厂商说，屏幕太大了，太贵别人不买，所以我做小一点，便宜他就买了。我们不是这个思路，越大越好，但是你还让别人用小屏幕的价格买到大屏幕，所以这个体验有多爽？当你买其他品牌只能买 50 寸的时候，你可以买我的 65 寸，那你说你会买 50 寸吗？不会，因为价格是一样的，而且我们的体验更好。

进入电视背后的出发点是，体验要被彻底照顾，你就要彻底介入产业链的全部环节。手机和汽车，可以用同样的理由。为了搞体验，都造车了。

问：做电视可以理解，作为视频服务商需要覆盖电视用户。做手机也很自然，因为在移动互联网时代，需要抢占入口，获得更多用户。但很多人对乐视做汽车都不太理解——做汽车所需要的核心竞争力和乐视差得比较远，风险也很大，乐视为什么要进入汽车领域？

阿木：战略的选择有几种，可以说，乐视选了最难的路。第一个战略选择是由能力和资源决定，我擅长什么，比较会做什么，做一些适度的延展，但总体上可以驾驭得住。为什么从电视到手机，没人问过这个问题，但是做汽车普遍要问。说明在大家看来，从电视到手机是一种能力的延展——都是智能设备，都是消费级的，说换就可以换的，只要口袋里的钱不那么拮据。里面都是智能的，都是一个屏幕，一个操作系统。不都是看内容吗？手机里面内容多一些，电视单一些而已，感觉这是一个延展，乐视有这个能力。但做汽车似乎不是，这是一种战略思维。显然，乐视没选择这种战略。

第二个战略思维就是市场投机，就是看中了一个新趋势，发现未来很可能繁荣，我就毅然进去了。可能跟我原来的历史也没什么关系，但我如果不把握的话，很可能就因此落后了。所以，不论跟你有没有关系，都抓这个热点，无论是投资也好，并购也好。

还有一种选择是：忘掉现在，忘掉自我，来定义未来。你认为未来是什么样，你就站在未来来定义它应该是什么样。然后用它来决策，我当下应不应该做这些事情。其实，这种战略选择是最难的，因为它付出的代价最大。乐视有研发和经营消费级电子产品的能力，但是，汽车产业如此复杂，仅仅这些能力看上去似乎不够。这就是我要忘掉我现在有什么，而要看下一个时代真正召唤的是什么，未来应该是什么样的。

按照我们的定义，未来的汽车不仅仅是一辆车，而是一套完整的、开放的生态系统。在未来，汽车要经历电动化、智能化、互联网化和社会化（汽车共享）。这个变迁实际上是从技术驱动到产品驱动，再转变为体验驱动的产业升级。

从 20 世纪 90 年代汽车在美国普及开始，这个产业的技术就开始发生变化了。发动机做得越来越好，汽车的系统越来越精密，但没有本质的变化。只是安全性越来越高，用的材料越来越好，越来越轻量化而已。

逐渐，技术已经没有办法再去变革这个产业，于是，就开始进入产品驱动，开始讲究驾驶感、外观、内饰、不同座位的安排等。反正发动机 5 到 10 年也就稍微有所改进。你就看 10 年前的车和现在的车，没有什么特别差异。至少美国人告诉我们其实可以开 1978 年的车，而不一定要开 2016 年的这一款。除了排量、污染指数大幅度改善之外，没有太大差异，而那个跟汽车无关，是由油决定的。

所以，买来买去汽车就是这样——就是一个钢铁所构筑的产品。而下一个时代是电动化、智能化、互联网化和社会化，这意味着是体验驱动，而不是产品驱动。要解放人和汽车之间的俘虏与被俘虏的关系，让机器只发挥机器应该发挥的作用，不过多占用人的时间和人的关注，从而通过无人驾驶技术的应用以及互联网的高速接入，让汽车变成一个能随时享受互联网生活的空间。

问：也就是说，你们判断汽车会成为未来互联网生活的一个场景。所以，你们要抢占这个场景，即使不确定性非常大，也愿意去尝试？

阿木：对，就是要给用户带来完整的生活体验。假如汽车巨头们给点力，在几十万一辆的车里面能够有点互联网思想，这车也不应该如此之枯燥。我不知道你们开的是什么车，不论多少价格，不论是什么样的噱头，就是钻进去，它没什么生活方式在里面，除了驾驭感。所有的广告片都是车"嗖"从这儿过去，"哗"开到十字路口。这车开得很稳，小孩睡着了，狗也不叫了。然后到了一个自然景区，把后车厢打开，再开始搭帐篷。没什么好讲了，这个产品，无从介绍了。

问：乐视的愿景是激动人心的，不过，实现这个愿景也需要强大的能力。乐视的核心竞争力是什么？

阿木：社会上总说乐视是一个以视频内容见长的企业，核心竞争力可能是有非常优秀的视频内容。不尽然，历史上是，在发展初期依靠内容，从而能够突出重围去发展。但是，乐视真正的强项，是垂直整合、定义和创造产品的能力。

通过"平台＋内容＋终端＋应用"进行垂直整合和跨界创新，从而定义新物种，是乐视的竞争力所在。买超级电视到底买的是什么，你们能说清楚吗？买了一个电视机？不对。买了一个互联网服务？也不对。买了一个内容消费？也不对，用户已经很难说清楚到底买的是什么了，这就叫新物种。

手机其实也一样，只不过手机视频的特色比较重，所以大家觉得乐视是不是要做视频手机？不是，我们从来没有这么说过，我们要做的是生态手机。其中，视频部分是我们已有的能力，我们的数据已经说明了这一点——乐视手机的用户，在视频上面的消费水平和流量的使用水平，要高于国内厂商，甚至高于苹果。

这是我已有的能力，但更多的体验不只是这个。我们有好多面向儿童细分的服务，还有面向女性的细分服务。但这一切的前提是，产品是不是进行了垂直整合，从而让任何体验都优于仅仅用一个中等性能的产品，下载一个 App 来消费。我们要从底层上改造它，这是乐视的核心优势。

新物种乐视

问：我的理解是,"平台+内容+终端+应用"是你们基本的架构?

阿木：垂直整合是乐视的"红线",你可以不断跟我们合作,我们有很多生态合作伙伴,但前提是,这个产品一定是垂直整合的。

假设在今年[①]12月,你想用手机看4K级的、张艺谋导演的魔幻巨制《长城》,你的手机可能需要高通830的芯片才跑得起来。我的平台操作系统可以根据你的内容偏好把电影直接推荐给你,你什么都不用干,什么App都不用进入,直接点开就可以看。你不用关心内容是哪儿来的,你唯一要做的就是享受内容。

我的云视频平台可以让你在移动网络下也不会出现任何卡顿。你说屏幕是不是大点好?怎么做到屏幕大?总不能让口袋装不下吧?那就要做硬件的极致创造。创造什么?砍掉所有占据面积的地方,把屏幕做成无边框的——要让你能装进口袋,又能享受大屏。这就是乐视为什么要做无边框手机,这是体验需要的。

我不会明年才上高通830的芯片,为了你还有这个体验,我今年就要上最新的芯片和最顶尖的技术。这个体验当中,得有足够的声音还原能力。声音还原是什么样的?得是全程无损的。为了做到这个,乐视研发了能让声音全程无损的技术。总之,我要对产品做整合创新,就为了今年底,你的体验可以达到极致。

这还不够,我还要继续整合。也许手机上只看了片花,你回到家想继续看,那么,就要给你一个极致的大屏,我们可以通过云端建立唯一的服务平台,让你可以无缝地连接,唯一要干的事儿就是打开电视。手机所有的偏好行为,从电视端可以继续向你推荐,而且它自动给你优化成更高的清晰度。

这个过程就需要跨终端的整合创新,我不能手机搞一套,电视又搞一套。这样做,体验又被割裂了。反过来也一样,这种美妙的体验,就是我们讲的垂直整

---

① 本采访于2016年3月完成。——编者注

合所能创造的。

汽车也一样。汽车在进去之前和出去之后，不应该变成你不关心的因素，在这两个时间段，你应该持续和它互动。这个就需要通过多终端布局才能实现。

问：2015年的年报显示，乐视网的营收首次突破100亿。其中，终端收入占到了47%，我觉得这个数字有两方面含义，一方面说明超级电视和超级手机很受欢迎，收入占比大了。另外一方面，是否也意味着广告收入和会员收入还不够大？广告收入和会员收入能否支撑硬件负利这种模式？

阿木：现在你看到硬件占比较高，主要原因是整个硬件还处于放量阶段。这是乐视商业模式一个很重大的前提——用户要在短时间里达到足够高的量。因此，体量的增加是最近几年的主要矛盾。

在放量过程中，要用未来的生态收益来贴补当下的放量。在这个阶段，硬件收入的占比可能比较高。但是，以超级电视为例，随着年销量超过1000万，总存量超过2000万家庭以后，广告收入、付费收入、游戏收入、购物收入、互联网教育收入等，会迅速攀升。想象一下，这是两个湖南卫视（覆盖2000万家庭）。而且，这是一个巨大的、可运营的平台。

商业模式后面的翘尾就等着量起来。今年算是初步起来了，因为今年600万台完成以后，总存量就达到1200万左右，可运营家庭超过1000万，背后是四五千万人，这个覆盖量已经非常大了，所以今年的广告收入应该会大幅提升。

此外，乐视还可以让客户埋单。例如，超级电视在未来可能会推出专项频道。专项频道由企业客户运营，通过这种方式，企业可以获得与用户直接互动的机会。我们可以让企业直达用户，不用开店的方式来直达。基于千万级的家庭和手机用户，企业能够不断探索和挖掘潜在用户。

新物种乐视

当用户到一定规模后,我们就会推广这种合作模式,从而让终端实现超高价值的变现,因为我们掌握的是终端级的入口,不是 App,所以你想怎么定制产品就怎么定制。而且,硬件本身的高端性,也决定了我们高端用户的比例是比较高的。

所以,你看到终端收入占 47%,你应该解读出来乐视正在快速放量,说明用户放量做得很好,否则,为什么会有这么高的比例?等到放量开始放缓,比如说市场份额达到 35% 左右,我就不会再往上放,因为边际成本太高。到那时,整个增量会放缓,但存量已经积淀到两三千万家庭,各项收入会迅速攀升。对于这一点,我们很有信心。

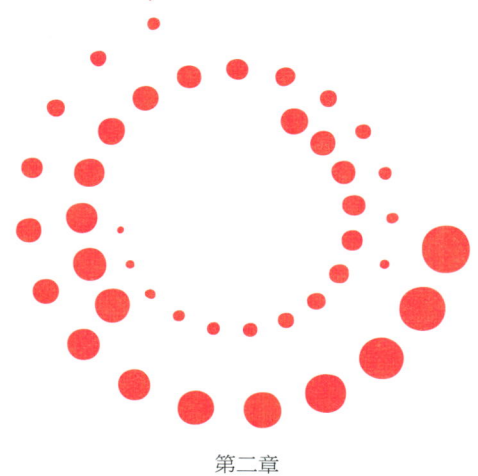

第二章

从 0 到 1，从 1 到 N

任何事物都有一个微小的开始，最终积水成河，奔流入海。

就像郭台铭所说的："阿里山上的神木之所以大，4000年前种子掉到土里时就决定了，绝不是4000年后才知道。"

企业的成功通常都是一种长期而持续的累积过程。尽管很难做到先知先觉，算计精确，但从事后来看，又的确是一步步走到了今天，步步惊心，而又步步为营。总是充满了"事前的不可知性"与"事后的逻辑必然性"。

从企业家的角度，一个企业的成长若非机缘巧合，其样貌最终都是可以被还原的，还原到企业家最初认定的价值立场或价值前提，还原到他最初的动机与梦想，还原到他长期形成、根深蒂固的人生观和价值观。是企业家的想法给企业发展埋下了种子。

回溯乐视的历史，我们可以发现，乐视很早就埋下了一颗生态战略的种子。生态战略的想法并非一夕形成的，它是贾跃亭长期以来的一个念头，是乐视这家公司骨子里的基因。要理解这一点，就要回到企业的历史发展线索中去，回到贾跃亭及乐视核心高管对产业演变、竞争格局、战略选择的自我认定中去。

你会发现，在贾跃亭的观念中，产业中的对抗从一开始就不是单点对单点的较量，而是链条对链条的竞争，之后是生态对生态的竞争。这是贾跃亭在创业途中摸爬滚打而逐渐感悟到的："生态整合将战胜专业化分工。"

同时，在这十余年的发展历程中，乐视并不是一位作壁上观者，正是乐视及其对手们刻画出了网络视频及其相关产业在中国的竞争演变轨迹：早期，企业间竞争以内容为核心；之后，把战线拉长到产业链的上下游；现在，则是不同产业生态之间的对抗。

历经数年探索，"乐视生态"这颗种子终于发芽，在 2012 年成长为乐视的全产业战略：平台 + 内容 + 终端 + 应用。之后，乐视不断做加法，让每个架构上的成员越来越多，最终，形成了涵盖七大产业的乐视生态版图。

因此，乐视从 0 到 1，从 1 到 N 的过程，实际上交叠着三条线索，共同推动着企业的发展。

其一是产业演变。有人把互联网时代类比为今天的大航海时代。就像大航海时代把孤立的大陆、人种、物种融合起来，塑造了今天的世界。互联网令人与人之间的关系、物与物之间的关系，在时间、空间维度上极大释放，从而改变了信息流、资金流、物流的"价值创造"和"价值传递"的过程，与这些环节相关的产业皆会受到影响。

再过几十年，我们会更加真切地感受到：Internet is Amazing, It changed everything！

而降生在这个时代的企业家、弄潮儿，就必然要面对驶进无人区的恐慌感。前面没有路，路是从荆棘处开辟出来的，是自己趟出来的。在此过程中，企业家的方向感好不好，历史观好不好，审时度势的能力强不强，都事关成败，Timing is everything！

其二是路径依赖。事物一旦进入某一路径，就可能对这种路径产生依赖，企业成长也同样如此。只有当我们走进一个企业的"历史现场"，看着它一点点发生变化，才会明白一件事物发展的复杂与曲折，才会对这家企业及其背后的企业家产生真正意义上的了解。

是"人们过去做出的选择决定了他们现在可能的选择"，当我们一次次走进乐视的历史现场，把事后的逻辑线索一条条地串起来，会明显发现一种路径性的自我强化。

其三是主观认定。对企业发展来说，外部环境还是第二位的，所有对世界的认知终归是主观的，最终要回归企业家的内心世界。活在当下，许多互联网企业都是愿景驱动的，只有一个大的方向感，所有细节都可以随机应变。这种愿景不是战略规划的产物，而是一种对战略的心理描述，是一种灵感、观念、感觉。企业家要一心一意甚至着迷般地发展愿景，并在必要条件下重新制定具体的战略，亲自控制战略的实施。

这种愿景驱动下的战略，必然饱含着企业家的个性品质：对控制权的渴求、对独立自主的渴求、对成就的渴求，对权威的反感以及甘愿承担冒险。而这种愿景驱动下的战略，其真正的冒险性在于，它经常是以企业家个人健康和梦想作为赌注的。

就像通用汽车的传奇 CEO 小艾尔弗雷德·斯隆所说："竞争是一种信仰的较量，是一种进步的途径，是一种生活方式。"

你甚至可以在贾跃亭的身上，看到这一代互联网企业家的光荣与梦想。

新物种乐视

西伯尔，乐视的前尘往事

2002 年，贾跃亭在山西创建了西伯尔通信科技有限公司，主要是为电信运营商的基站提供配套设备，例如避雷器、直放站等。

这段历史现在已几乎被尘封了。只有反复耙梳，才能拼凑成图。也只有站在今天，才能理解当年那些事儿所包含的意蕴。而当我们回望乐视历史时，似乎也推展开网络视频产业的一道发展轨迹。

在创办西伯尔之前，山西商人贾跃亭已经涉足过多个领域。他做过煤炭生意、洗精煤，开过电脑公司、钢材贸易公司，投资过快餐店，甚至还办了一家双语学校。通过西伯尔，贾跃亭进入电信行业，这成为他人生中至关重要的转折点。

2003 年，渴望更大舞台的贾跃亭来到北京。他招揽 IT 人才，研发出了无线网络解决方案，开始为电信运营商提供楼内信号覆盖业务。"你在大厦、电梯、广场等处可以接电话、上网，这就是我们的功劳。"贾跃亭曾这样介绍西伯尔。

2007 年，西伯尔在新加坡上市，当时西伯尔已在全国 400 多个场所实现网络覆盖，其中包括北京火车站、中国大饭店等。"只要中国每天都在盖楼，我们的业务就会有更多的发展空间"，时任西伯尔执行董事的潘良表示。正是西伯尔上市时募资超过 2 亿元，为贾跃亭的"乐视梦"积累了资本基础。不过这些都是后话了。

也就是在 2003 年，中国掀起了讨论 3G 的浪潮。一旦推行 3G，会催生很多新服务，其中，两项业务最被看好：一个是可视电话，一个是手机电视。

什么是手机电视？简单地说，就是可以通过手机观看电视节目，当然，也包括电影、MTV（音乐电视）等。在 2003 年，很多人都在畅想手机电视的美好，电信企业和手机厂商也纷纷开始布局。

由于和电信企业泡在一起，贾跃亭敏锐地意识到这是个机会——如果做一个为手机用户服务的视频网站，应该大有前途。用后来从业者的话说，在这个领域，"新浪"迟早会出现①。

和他持同样看法的，还有时任中国国际广播电台记者的刘弘。于是，两人决定一起创业。

2003年，北京西伯尔成立了无线星空事业部，负责视频内容的组织和开发。此外，还研发出了手机视频平台的技术解决方案。

2004年，无线星空事业部被拆分出来成立公司，并推出了乐视网。在乐视网，可以看到很多方面的视频，包括影视、体育、娱乐、生活、资讯等。在当时，手机电视被定位成电信行业的增值服务。因此，乐视网的内容大多是付费的。

做手机电视，离不开内容。成立伊始，乐视便开始购买版权。和电视比，手机的屏幕更小，受硬件和资费的限制，用户也不可能长时间观看——在2004年，有人估算，看一场球赛需要花300元左右。因此，除了购买现有的内容资源（比如电视节目），还需要为用户量身定制一些内容。2005年3月，乐视网投资拍摄了中国第一部手机电视剧《约定》。这部电视剧一共5集，每集5分钟。为了追求效果，拍摄用的是胶片。

我们发现，乐视网并非公众印象中的于2010年前后横空出世，其内容、IP运营、自制剧等思维早在2004年、2005年就存在了，是乐视这家公司骨子里的基因。从这个意义上，乐视后来出重拳做乐视影业就毫不奇怪了。

---

① 2000年，新浪、网易、搜狐相继在纳斯达克上市，中国正式进入了门户网站时代。

然后下一个时机又出现了。同样在 2005 年 3 月，中国联通推出了面向 3G 的无线门户 Uni[1]。通过 Uni，中国联通将很多增值服务放到了一起，包括手机电视、手机银行等。手机电视包括在线直播、视频点播、在线下载三种方式，播控平台由乐视网提供技术支持，主要内容也由乐视网提供。在收入上，两家分成。

除了打造乐视网，西伯尔还做了一件事儿——推出手机。如果你在 2004 年前后用过手机，可能会对此有一些模糊的印象。

在当时，智能手机还是稀罕玩意儿。即使是智能手机，也大多不具备流媒体功能[2]，无法通过无线网络观看视频。因此，在 2004 年，电信企业和手机厂商陆续推出了电视手机——这是继彩屏手机、拍照手机之后的新概念。显然，手机的计算能力、流媒体功能、音效等，都会影响手机电视的效果。如果终端做不起来，手机电视就是空中楼阁。

为了助推手机电视业务，西伯尔在 2004 年初就开始和韩国 LG 洽谈合作，并在年底推出了 LGc950。当时，为了看手机电视，很多手机只是增加了一个视频软件，而 LGc950 采用了高通的 MSM6300 多媒体芯片组，是中国首款应用芯片解码技术的手机。此外，LGc950 还搭载了西伯尔研发的无线流媒体管理系统以及联通的一些应用。在当时，西伯尔还是个小公司，为了说服 LG 对手机做出改动，西伯尔承诺对 LGc950 进行包销。

回溯这段历史，可以发现，乐视的诞生源于移动通信和广播电视的融合。当时的产业环境和自身战略选择让乐视成为一家非常特殊的企业：第一，高度重视内容，包括购买版权和自制；第二，采用收费模式，而非免费模式；第三，很早

---

[1] 在 2004 年，通过 CDMA1x，中国联通已经可以在全国范围内提供 2.75G 服务。

[2] 又叫流式媒体，简单地说，就是边传边播。"流"指的是这种媒体的传输方式，而不是媒体本身。

就涉足了产业链的整合——当时的手机电视业务，需要将网络、内容、终端这三个要素打通，才能发展起来。这让贾跃亭认识到，一个创新业务面临的是"整个产业链的缺失，而不仅仅是一个环节的缺失"。

由此可见，乐视很早就埋下了一颗生态战略的种子。或许在贾跃亭的观念中，产业中的对抗从一开始就不是单点对单点的碰撞，而是链条对链条的较量。

打造"影视剧互联网发行门户"

2005年2月，YouTube（世界最大的视频网站）在美国横空出世，其发展就像坐上了火箭。几个月后，土豆网、56网、激动网等相继成立。2006年10月，YouTube被谷歌以16亿美元成功收购。在这个消息的刺激下，国内视频网站纷纷成立，其中包括大众熟知的优酷和酷6。它们让很多人知道了什么是视频网站，也让中国视频行业进入了另外一个轨道。

2006年底，乐视网将重心转向PC端。虽然3G牌照悬而未决——事实上，直到2009年，国家才给三大运营商发放3G牌照——贾跃亭和刘弘还是坚信，随着网络带宽的提升，"以互联网和手机为主的发行渠道一定会取代传统音像的发行市场"。因此，他们坚守正版理念，将乐视网定位成"影视剧互联网发行门户"。

成功通常是不易的，不走寻常路也并不容易。据乐视网CTO杨永强回忆，2006年乐视曾一度陷入危机，连工资都发不出来。

为了提升流量，乐视网将服务进行了差异化：用户可以免费观看标清影视作品，也可以支付30元/月的服务费。付费用户能看到高清视频，并且可以下载，另外，还能优先观看热播电视剧。对于热门影视剧，乐视网力求拿到长期独家网络版权。个别电视剧甚至早于电视台播放。例如，当年热播的电视剧《幸福像花儿一样》就是先在乐视网播出——这让很多人第一次知道了乐视网。

在当时，中国的带宽并不高。乐视网开始在各地铺设节点服务器，建立 CDN（内容分发网络），这么做，可以让视频传输更稳定、更流畅。

乐视网的转型收到了效果，招股说明书显示，其 2007 年总收入近 3 700 万元，首次实现盈利。其中，高清视频服务收入占八成以上。

2007 年 3 月，美国国家广播环球公司和新闻集团成立了 Hulu 网，这个网站也主打正版影视剧，不同的是，Hulu 网采取的是免费模式，依靠广告盈利。

2007 年末，广电总局颁布了《互联网视听节目服务管理规定》，开启了整顿盗版的序幕。看到风向要变，乐视网进一步加快了购买版权的步伐。此外，2008 年 4 月，乐视还成立了乐视娱乐（乐视影业的前身），开始进入内容产业。作为兄弟公司，乐视娱乐可以为乐视网提供独家内容，乐视网则可以成为乐视娱乐的发行渠道和宣传阵地——乐视协同化反的理念就是从这儿开始的。

随着内容的地位越来越高，网络视频行业开始发生变化：

第一，Hulu 模式（主打正版影视剧）受到追捧。优酷、土豆等从 UGC 模式（用户生产内容）转向 UGC 模式和 Hulu 模式并重。2008 年底成立的搜狐视频也将正版影视剧作为主打。一方面，这是用户的选择，根据艾瑞咨询的调查，在网络视频用户经常观看的节目中，电影和电视剧排在最前面。另一方面，由于没有版权纠纷，而且质量高，正版长视频更容易得到广告主的青睐。

第二，付费模式开始流行。美国最大的内容分享网站 YouTube 和最大的内容集成网站 Hulu 均开发了网络付费播放服务。国内视频网站的领跑者优酷也开始尝试付费业务，迅雷则推出了"红宝石影院计划"，以高清视频播放服务向用户收费。

可以说，这种转变趋势体现了乐视网的前瞻，也让它尝到了战略先发的甜头。

事实上，贾跃亭当时做出购买正版内容的决定时，遭到了很多人的反对。"但他认为内容是刚需，乐视要靠内容来实现逆袭"，2009年出任乐视网副总裁、现任乐视视频总裁的高飞回忆这段历史时说道："外面的人都说乐视的优势是在版权，但这是表象，背后的原因在战略制定的领先性上。"高飞来乐视，正是购买版权意识刚萌芽还没形成较大规模的时候。

中国打击盗版的行动取得了效果，很多视频网站开始购买版权，不过它们发现，很多独家网络版权竟然都在乐视网手中，这让后者发展出了颇为奇特的业务——网络版权分销。乐视网招股说明书显示，2008年，乐视网版权分销收入近340万元，2009年则突破了1000万元。

也就是在2009年，由于监管部门加强版权管理，众多视频网站才恍然大悟开始抢夺影视剧版权，尤其是具备雄厚资金背景的一批视频网站加入后，原来一部二三十万元的片子很快被炒到了几百万元甚至上千万元。

而此时，贾跃亭仿佛已跳到另一个岸上。2010年乐视成立乐视影业，开始走自制路，陆续出品了《小时代》系列、《我想和你好好的》《归来》《消失的子弹》等影片。

2010年8月，在不少人怀疑的目光中，乐视网登陆创业板，成为中国首家IPO的视频企业。在当时Alexa发布的中文网站排名中，乐视网排在100名之后，而优酷和土豆排在前10。这两家企业还在亏钱，而乐视网已经连续3年盈利——这成为很多人质疑乐视网的靶心。乐视网则回应，自己的模式比较特殊，单纯用流量衡量没有意义。"不能变现的流量都是垃圾流量。"乐视网联合创始人、副董事长刘弘说。

2010年也是视频网站的扎堆儿上市年。酷6、优酷相继在美国上市。同年11月，土豆向SEC（美国证券交易委员会）递交了IPO（首次公开募股）申请①。

2010年，中国网络视频用户规模超过2.65亿。毫无疑问，网络视频化是互联网的重要趋势。巨头们开始入场。这一年4月，百度旗下的爱奇艺上线。一年后，腾讯视频上线。它们的加入让视频行业的竞争更加白热化。

从内容为王到"四位一体"

上市募集资金后，乐视网继续囤积版权，这让它成为国内最大的影视网络版权库。2011年，乐视网版权分销收入为3.56亿元，占主营业务收入近六成。

显然，版权分销既赚钱又省心。但是，乐视网并没有"见钱眼开"。回过头看，乐视网埋下的伏笔很值得玩味——它卖给别人的只是PC端的网络版权，移动端和TV端的版权仍然攥在自己手中。

这一年，乐视成立了乐视影业，原光线影业总裁张昭担任乐视影业CEO及执行董事。此前，乐视娱乐仅仅投资拍摄了几部电影，成立乐视影业，意味着乐视将不再"小打小闹"，而将原创内容上升到战略高度。

除了在内容上发力，乐视网还将视频服务节点进行了扩充，让带宽达到了T级。2011年5月，乐视网推出了云视频平台。这是一个开放的平台，不但给乐视网提供服务，还可以给其他企业或个人提供视频存储、传输服务。

如果乐视网止步于此，它就是一个在内容上富有特色的视频网站。但是，它选择继续"不走寻常路"。2011年，乐视发布了云视频超清机（乐视盒子的前身），

---

① 由于土豆CEO王微的婚姻纷争，IPO被暂停，2011年8月，土豆在纳斯达克上市，但已错过最好时机。

正式涉足硬件。

无论是手机端还是 PC 端，乐视网开始的发展势头都不错，但是，它还惦记着另外一块屏幕——电视。如何让电视机前的观众也成为乐视用户，是其一直思索的问题。

通过云视频超清机，互联网视频和电视可以连接起来。在乐视看来，云视频超清机不但可以取代当时流行的 DVD，还可以让电视变得智能。"云视频超清机采用了与影院数字播放设备相同的芯片，是当时解码能力最强、画面最清晰的产品。我们有强大的影视剧资源，云视频平台又可以为传输提供保障。"乐视一位员工在与我们的交流中谈到。

此外，云视频超清机还搭载了乐视云 TVOS 系统（一套应用于网络电视的操作系统），这套系统的核心是提供智能电视的应用市场，通过应用市场，用户可以享受更多服务，如全高清体感游戏、视频通话、在线教育等。

"善弈者谋局，不善弈者谋子"，一番布局后，乐视已经在平台、内容、硬件、应用这四个层面做好了准备。2012 年 3 月，乐视在北京举办了乐视峰会。在峰会上，乐视网第一次向公众发布了"平台+内容+终端+应用"的全产业战略。

刘弘表示："乐视网致力于成为全球领先的互联网存储、传输平台，一站式为用户提供云视频服务。乐视网的平台、内容、终端、应用战略，互为支撑，相辅相成，希望通过 5 到 10 年的努力，将乐视网打造成为拥有海量影视、娱乐内容，具备为乐视网和更多同行提供超强视频传输能力，并为用户提供极致视听、应用体验的平台级视频企业。"

不过，从当时的表述看，乐视并没有将战略上升到"生态"高度。直到半年后，贾跃亭第一次走到前台，向外界宣布，乐视将进军电视，这是乐视第一次向公众阐述生态理念。

表 2.1 乐视 2012 年发布的全产业战略

战略	定位	理念
平台战略	打造全球领先的云视频平台	乐视网认为网络视频化已经成为互联网发展的大趋势，不仅视频网站有视频传输需求，非专业视频网站如门户网站、新闻网站、电商网站、企业网站等也将逐渐实现信息传输的视频化。乐视网的平台战略，正是为乐视网及其他网站和企业提供视频存储、传输服务。
内容战略	巩固行业最全的影视剧版权库	乐视网表示自己拥有国内最全的正版影视剧版权库，并且锁定 2012 年热门影视剧独家网络版权 60% 以上，2013 年热门影视剧独家网络版权的 40%~50%。乐视网已采购未上线的影视剧资源超过 200 部，是其他 10 多家视频网站同类资源总和的两倍多。此外，乐视网将继续开拓付费用户市场。
终端战略	加强 3D 乐视 TV 推广力度	乐视 TV3D 云视频超清机是乐视网基于 TV 端创立的娱乐科技品牌，是乐视网的战略级产品。2012 年，乐视将加大该产品的推广力度。
应用战略	与开发者合作共赢	构建丰富"内容服务"是智能电视发展的核心。乐视 TV 应用开放平台，是国内第一个面向全终端、所有用户、开发者开放的智能电视应用平台，通过电视客户端、官方网站，为用户提供智能电视应用下载等服务，拥有资源丰富、内容多渠道分发、应用云推送安装、多操控设备支持、支付快捷等特点。

这一天（2012 年 9 月 19 日），贾跃亭向公众介绍："乐视几年来一直致力于平台、内容、终端、应用的全视频产业链的垂直整合，努力打造基于视频领域的完整生态系统，为用户提供极致体验的完整价值链"，"正是由于乐视的垂直整合模式，才能使整个产业链上的各个重要环节密切协同，为用户打造出更加极致体验的产品和服务。"

时任乐视 TV 副总裁的杨芳说："我们要提供给大家的不仅仅是一台智能电视机，它更是一个完整的生态系统，它集合平台、内容、终端、应用服务为一体，将无比的有想象力、无比的满足，甚至比你想要的东西更多。我相信这个强大的生态系统,将为所有的用户,为每一个普通的我们去提供真正互联网的生活方式。"

做手机电视的经历,给乐视的生态战略埋下了一颗种子。历经数年探索、酝酿,这颗种子终于发芽并结出了果实。

乐视生态的核心是整合创新。影响用户体验的要素有多种,通常分布在不同行业,由不同企业提供。如果打破行业和产业边界,对价值链重新进行组合,就有可能给用户带来更好的体验、更高的价值。例如,亚马逊以图书电商起家,为了给读者提供更好的阅读体验,它不但成立了出版机构,还开发了电子书阅读器 Kindle。此前,图书策划、图书销售、电子书阅读器分属不同行业,亚马逊将这三个要素整合在一起,为用户提供更极致的体验。再比如,苹果手机实现了硬件和软件的完美融合,通过苹果手机,用户可以享受丰富的互联网应用,包括娱乐、音乐、图书、社交等。苹果重新定义了手机,也改变了多个产业。

我们发现,许多乐视高管都和贾跃亭一样,有着共同的整合创新的产业梦想。例如,张昭认为,如果用户在乐视网有部电影没有看完,完全可以用乐视手机和乐视电视继续看,这并非简单的用不同终端观看,而是当多个屏打通之后,终端就会围着用户转,"多个屏串联起来就是生态,只有屏,再买一些内容那不叫生态。"张昭如此解释。

关于收入。乐视生态有多个层次、多个维度,它的收入也是多层、多维的,这就是乐视敢于"硬件负利"的重要原因。以超级电视为例,它有四个盈利来源。

(1)硬件。除了超级电视,还有一些相关配件,如音箱、游戏手柄等。

(2)会员费。这是大家所熟知的,目前分为影视会员和体育会员两大类。

（3）应用。超级电视有应用市场和游戏中心，通过推广应用或者游戏，可以获得分成。

（4）广告。超级电视有三个"广告位"——开机广告、屏保广告和关机广告。通过观看记录、乐视商城购物记录等，乐视可以获得丰富的数据信息，实现精准推送。

另外，如果使用体感控制、视频通话等功能，需要安装摄像头，这也会让推送更加准确。摄像头可以侦测到家里谁在看电视，是老人还是小孩。它不会采集任何隐私信息，但可以自动识别。如果有小孩过来，乐视的推荐马上会屏蔽少儿不宜的内容，或者推荐和儿童相关的产品。

乐视还可以让客户埋单。例如，超级电视在未来可能会推出专项频道。专项频道由企业客户运营，通过这种方式，企业可以获得与用户直接互动的机会。现在很多奢侈品企业都是通过开专卖店和打广告塑造形象、招揽顾客。如果在超级电视开辟专项频道，可以通过内容来吸引用户。

在乐视向全产业链进军时，其他视频企业忙着整合。2012年，优酷和土豆正式合并。在当时，这两个企业是视频行业的老大和老二。合并后，优酷土豆市场份额超过35%。为了应对竞争，搜狐视频、爱奇艺、腾讯视频三家结盟，成立了"视频内容合作组织"，将对国内外视频版权内容进行联合采购，同时就过去已采购的影视剧开展合作。

成立伊始，视频企业的竞争是围绕内容展开的，所有企业都在追求一个目标：增强内容吸引力，同时尽量降低内容成本。2012年，这种竞争达到了顶点——无论是合并还是合作，"内容"都是核心因素。

拓展生态版图，谋求生态化反

2012年，乐视生态已具备雏形。独特的发展路径，让它形成了四层架构：平台+内容+终端+应用。之后，乐视不断做加法，让每个架构的成员越来越多。

2013年5月，乐视推出了超级电视。从结果上看，超级电视得到了市场的认可。2013年，乐视网营业收入突破20亿元，其中，终端业务（主要是超级电视和乐视盒子）占近1/3。这一年，乐视网市值超过300亿元，超越了优酷土豆，成为中国市值最高的视频企业。

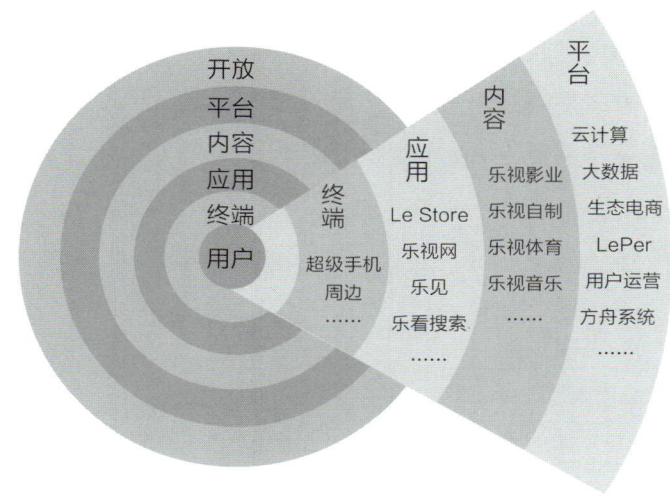

图2.1 乐视的生态系统

自上市后，乐视网市值就和产业的拓展息息相关。总体来看，每次进入新产业，都会让乐视网市值进入上升通道。这也让乐视网进入了"产业助推资本，资本助推产业"的良性循环（详见本书第四章）。

其实，互联网电视这块蛋糕，很多企业都很看好。乐视网的进入，加速了这一进程。2013年9月，TCL和爱奇艺联合发布了"TCL爱奇艺电视TV+"。小米公司推出了小米电视。

2014年初，乐视网将云视频平台拆分出来，成立了云计算公司。乐视云是乐视生态中"平台"的根基，除了为乐视子生态提供支持，还为其他企业或个人提供视频服务，包括直播、点播、CDN加速、快速建站等。在云计算行业中，某个企业通常只专注一两个环节，乐视云则提供一站式解决方案。

乐视网还成立了控股子公司乐视体育，同乐视影业、乐视版权采购运营等构成了"内容生态"的核心。某种意义上，乐视体育更像另外一个乐视网，抓住某个细分领域，从内容入手（仍然是大量购买版权），再进行产业链的垂直整合，包括赛事运营、赛事直播、场馆建设、体育装备等。

这一年，优酷土豆成立了电影公司，爱奇艺成立了专业影视制作公司，成为第二个既涉足硬件又涉足内容生产的视频企业。经过漫长的内容之争后，视频企业将战线拉长到产业的上下游。此外，小米挖来了前新浪总编辑陈彤，负责内容建设，并宣布将斥资10亿美元打造中国最全的影视库——乐视是先内容后硬件，小米则相反。

2014年底，贾跃亭宣布乐视将进军智能手机和电动汽车。无论是做手机还是做汽车，乐视内部仍然是一片反对之声。特别是做汽车，在核心高管表决时，只有贾跃亭和其助理投了赞成票。对此，贾跃亭用一句话表明了自己的决心——即使造汽车会万劫不复，如果能点燃更多人的梦想，我也义无反顾。

贾跃亭认为，和一些企业相比，乐视没有强大的靠山，因此一定要跑在别人前面。这也是他多年来形成的理念——购买版权如此，进军电视也是如此。用他的话说，一定要"用未来定义未来，再用未来定义现在"。

这也属于贾跃亭的生死时速，乐视要干的都是需要花大钱的事情，许多次，缝缝补补才续上关键一口气。更为重要的是，贾跃亭必须将产业、资本、人才、产品等几方面的考虑组合在一起。投资人与市场的耐心都是有限的，他要和时间赛跑。

很多乐视人都表示，贾跃亭是一个柔和的人，一个善于倾听的人，"和一些企业家相比，他并没有太强大的气场"。但是，在做重大决策时，贾跃亭又是一个强硬的人。在决策上，他有两个近乎偏执的论断。第一，99%的人不看好的事情，才有可能成就颠覆，因为"如果所有人都看好，这个机会就可能不存在了"。第二，董事会管理不出伟大的企业。在他看来，董事会成员通常只考虑短期利益，很难从长期利益出发。"当公司进入平稳发展期的时候，董事会非常重要，不会因为一个人的决策失误对公司造成重大的影响。但当时代变革来临的时候，这些人没有敢于下决心自己革自己的命，也没有人有这个权力和能力去革自己的命，因为董事会不是一个人说了算。"

对于乐视，无论是做电视，还是做手机或者汽车，其本质都是智能终端，只是代表的场景不同——电视代表"家庭"，手机代表"随身"，汽车代表"出行"。如果将这三个终端打通，可以提供更加极致的用户体验。在与我们的交流过程中，乐视人曾描述了这样一个场景：

你想使用一辆车，手机告诉你离你最近的车在哪儿，并把你指引到车前——这是一辆社会化运营的车，闲置时人们可以使用它。在你走近车的时候，车门自动打开了（手机会和汽车发生感应）。而且，通过云端，你的历史消费记录已经被汽车直接下载。所以，座位的高低、方向盘的远近、你喜欢什么内容，都已经准备好了。也许上车前你正在用手机听一首歌，好，已经自动切换到汽车上了,你可以继续听。在行驶的过程中,你听了一会儿新闻,还看了一会儿球赛。使用完后,你直接下车——你的账号会自动支付费用,车又重新回到社会当中。回到家中,你说了声:"你好!小乐。"电视就直接打开了,你在汽车当中没完成的事情又自动展示在电视屏幕上。

2015年4月,乐视正式推出手机。之后,又是一连串的动作,包括入股酷派、入股TCL、并购易到等。这一年,乐视网营业收入突破100亿元,市值则突破1 000亿元,仅次于BAT和京东,成为排名第五的中国互联网公司。

2016年,通过布局小贷公司、申请保险牌照等方式,乐视的"互联网金融生态"浮出水面。2016年4月20日,超级汽车正式亮相。至此,乐视打造的生态版图基本成形。

与此同时,其他企业也在合纵连横。2015年起,腾讯开始和创维合作,陆续推出了盒子、电视等产品。在内容获取上,腾讯要延伸到内容源头的IP领域,深化上游内容投资和制作。在内容分发上,除了视频、新闻客户端、QQ、微信等内部分发平台,腾讯也希望与电视台、OTT(Over The Top 的缩写,是指通过互联网向用户提供各种应用服务,应用商店是典型OTT应用)等外部平台达成合作伙伴关系,打造多终端触达优势。

优酷土豆则在打造"多屏文化娱乐生态系统"。这个系统同样以内容为核心。不过,在内容定位上,优酷土豆选择了不同的方向,其内容以自频道为核心。优酷土豆认为,"技术门槛的降低和用户拥抱视频的热情将点燃自频道爆发的引擎,让网生内容空前繁荣,超过版权等传统内容是必然趋势,无论是文化娱乐的爱好者、从业者还是创业者都将成为网生内容生产的主体"。同时,优酷土豆成立了合一影业和合一文化,分别从事电影和电视剧的制作、投资。当然,版权采购仍然不能忽视。

优酷土豆并没有把自己局限在内容产业，而是做了两个跨界。第一，围绕优质 IP 进行游戏开发，打造"影游合一"。第二，将视频和电商结合，力求"屏幕即渠道、内容即店铺"。2016 年 4 月，优酷土豆正式完成私有化，成为阿里巴巴的子公司。可以想象，视频电商这种新形式，将会成为优酷土豆的重要武器。这意味着，优酷土豆可以不再依赖传统的盈利模式（广告＋会员费）。如果这一转型能够成功，优酷土豆就可以在内容上进行更多投资，从而拉开与竞争对手的距离。此外，因为阿里巴巴本身已经打造了一个数字娱乐生态，其成员包括阿里影业、华数传媒、天猫魔盒等，优酷土豆和阿里巴巴这两个生态之间还可以进行联动，包括内容生态投资、家庭娱乐、程序化售卖、大数据等。

优酷土豆所说的多屏即手机、电视、VR（虚拟现实）等多个终端。和乐视不同，在终端上，优酷土豆以合作为主，将自己的内容搭载到其他厂商的终端，自身仅开发了几款产品，包括优酷路由宝、优酷盒子、土豆派（家用平板电视）等。

2016 年 5 月，爱奇艺召开了"爱奇艺世界大会"，对企业定位、商业模式、未来战略以及开放生态策略做了全面阐释。爱奇艺将自己定位成 IP 公司，并表示目前已拥有包括视频、游戏和硬件在内的超过 300 家战略合作伙伴，自己打造的是一个开放的生态。

显然，视频之争再次升级。它已经超越了"产业链"，成为不同产业生态之间的对抗（参见表 2.2"网络视频企业竞争史"）。在十余年的发展历程中，乐视和其对手为我们刻画出了视频产业竞争的演变轨迹。在其他产业，也同样出现了这种趋势。

可以确信，混战仍将持续，互联网大并购的帷幕已经拉开。优酷与土豆只是开始，网络视频行业终将上演滴滴与 Uber（优步打车软件）这样王不见王的终极较量。而这一次，也势必超越单产业之间的角力，重新定义产业边界，生态撞击生态。

巨头与巨头之间的产业超限战已经打响。乐视能否杀出重围？静待时间揭晓一切。

表 2.2　网络视频企业竞争史

阶段	时间	特点
第一阶段	2004~2012 年	以内容为核心，所有企业都追求一个目标：如何增强内容吸引力，同时，尽量降低内容成本，包括采购、制作、传播等。
第二阶段	2013~2015 年	进入视频产业的上下游——内容和智能终端。企业间的竞争从"内容"升级为"产业链"，产业链垂直整合。
第三阶段	始于 2016 年	超越"产业链"，成为不同"产业生态"之间的对抗。例如，乐视打造的是基于视频产业、内容产业和智能终端的生态系统，优酷土豆打造的是"多屏文化娱乐生态系统"。腾讯视频和爱奇艺都在打造"开放生态"。

乐视大事记：2004~2016 年

2004 年　乐视网成立

2006 年　将发展重心转向 PC 端

2008 年　成立乐视娱乐（乐视影业的前身）

2009 年　成立 TV 事业部，开始研发网络超清播放机（乐视盒子的前身）

2010 年　乐视网登陆创业板，成为中国首家 IPO 的视频企业

2011 年　推出云视频平台

　　　　正式发布云视频超清机（即乐视盒子）

　　　　成立乐视影业

2012 年　首次发布全产业战略，提出"平台+内容+终端+应用"理念

　　　　将 TV 事业部独立成乐视致新

2013 年　推出超级电视，"大屏生态"诞生

　　　　收购花儿影视

2014 年　拆分云视频平台，成立云计算公司（"互联网和云生态"的代表）

　　　　成立乐视体育（"体育生态"诞生）

　　　　乐视体育、乐视影业、乐视版权采购运营等构成了"内容生态"的核心

2015 年　推出超级手机（"手机生态"成形）

　　　　市值突破 1 000 亿元，仅次于 BAT 和京东，成为排名第五的中国互联网公司

2016年　超级汽车正式亮相,"汽车生态"有实质进展

　　　　开始打造"互联网金融生态"

　　　　超级汽车工厂落户浙江

　　　　乐视生态全面落地美国

第三章

这几年贾跃亭到底说了什么?

恐怕没有哪家风口浪尖上的中国企业比乐视更富有争议。这给它带来好处，每次发布会都备受关注，每次引发的喧嚣也成为其负累。有舆论评价，"乐视是以发布会为驱动的公司"，甚至有声音直斥"乐视就是个 PPT 公司"。

显然，任何一家 A 股上市公司都不可能靠发布会撑过五年，更何况乐视网上市以来，营业收入平均年年翻番。这也从侧面反映出乐视其实是不善沟通的——没能更好地把握公关的口径和思维，至少还没学会做一家"范儿正"的大公司，反倒似乎在加重某种负气的情绪，显得更加决绝、自说自话，并无所畏惧——尽管这也可能就是乐视想达到的效果。

这几年很少有哪个企业家像贾跃亭这么敢于表达，并在气质上富有矛盾性：他强硬而又感性，神秘同时张扬，这让他容易成为话题人物，也因此经常处于舆论风暴的中心。

不过，当我们把注意力从贾跃亭这个人，转向他到底说了什么，也许就会发现贾跃亭思维能力的过人之处。就像前中国银行副行长、现任乐视金融掌舵人王永利谈到的，"贾跃亭是真的能够站在未来看未来的人，他好像能够站在四维空间里看问题。"

贾跃亭总是语出惊人，如"无颠覆，不出手""让我们一起，为梦想窒息"。当我们剥离掉这些话语中的修辞与情怀，只看他对一件具体之事的分析与判断，画面与逻辑就变得清晰起来。可能会开始理解，为什么许多人说乐视的战略与产业布局具有前瞻性，为什么贾跃亭能在5分钟内说服郭台铭与之合作，为什么有这么多业界大咖选择加入乐视。同时，或许也会发现，此前对乐视的种种不解、质疑和批判，贾跃亭早就解释过了。

把爱憎放下，先去了解，才能看清更多的问题。

当然我们非常清楚，仅就乐视作为一家案例企业的研究价值而言，任何一家企业的成功经验都有严格的适用边界，在A公司好用的经验在B公司未必吃得开，况且企业家总结出的道理未必就是企业成功的真因。日本战略学者楠木建曾指出，"所有的战略都是只发生一次的事件"。

我们来看看贾跃亭这几年到底说了什么，他的思维水准究竟如何。

我们整理了超百万字的原始素材，包括贾跃亭的内部讲话、邮件、公开信、演讲、微信公号、微博及媒体访问，将他对乐视的思考归纳为七个方面：生态与协同、战略与决策、组织与激励、产品与消费观、创新与颠覆、资本与融资、中国与全球化。

生态与协同：下个时代是互联网生态时代

为什么做生态？

竞争升级：从"点对点"到"生态对生态"

我们如何在与巨头们的竞争中生存并壮大？随着行业集中度的提高，剩下的竞争对手各个不容小觑，竞争也从点对点的竞争升级为链条对链条的竞争。而我们的"链条"经过多年的经营已经初具规模，并有着先发优势。

贾跃亭演讲，乐视年会，2013年2月3日

我们对生态的要求是，每一个生态的单点上必须做到足够的专注、专业，做到足够深、足够透、足够强，然后产生化学反应，创造新价值、产生新价值。

我一直说这个时代谁专注在单点上，当变革来临时，你根本无法转身，只能眼睁睁看着自己死去。因为你的视野已经被框住了。乐视也很专注，我们是专注在一个生态上，这种结构是完全不同的结构。

伏昕，《大家在慢慢看懂乐视》，《商业周刊 / 中文版》，2015年第9期

只有跨界才能带来极致体验

要想把视频和电视终端结合起来就两种模式，第一，是传统的模式，如果这么做，和原来传统的模式是一样的，就是专业分工，这是工业时代化的思维，专业、专注、各司其职。真正的互联网时代，它的信息传播速度非常快，互联网时代下，对体验要求又非常之高，所以就必须做跨界创新，协同创新，垂直整合，只有这种模式你才能做出极致的产品和极致的体验。

苹果的生态链是一个闭环，根本不用考虑是否匹配安卓，是否匹配山寨机，

甚至它的芯片都是完全自己设计的。我用苹果用得是非常多的，即使你买最贵的安卓手机，真正的互联网体验比起苹果也完全不是一个量级的。要想做出真正的好体验，必须从头至尾。

信海光，《为什么是乐视——九问贾跃亭》，信海光新浪博客，2013 年 11 月 11 日

只有垂直整合才能打破创新壁垒

并不是我们要一家全包，而是真正的核心要素由自己掌握情况下才可以打破创新壁垒。原来创新很难，因为当你进行重大创新的时候，你得需要问上游，问下游，甚至问周边这些产业参与者，这样的创新可以吗？如果一家反对这种创新或者创新速度慢的时候，创新是没有办法实现的。

所以，这就形成了一个非常糟糕的蝴蝶效应或者是瀑布效应。当上游断水的时候，下游是不可能有非常流畅的水的供应的。而在我们这里就是核心要素掌握在一个手里面，就是完全打破创新的壁垒。真正能够实现极致体现跨界创新。应该把产业边界重新来确定，重新划分组织的边界，真正阻碍创新的不是技术的能力，也不仅仅是人员能力。尤其是在中国，阻碍创新的更多是组织，组织行为阻碍了真正颠覆性的创新。

贾跃亭演讲，国际冠军杯中国赛深圳站开幕式，2015 年 7 月 24 日

这是对一种经济理论和商业模式的探讨，为什么选择一条生态战略之路，我认为这不是乐视的选择，而是时代的选择。工业时代下讲究的是专业化分工，讲究的是少而精和单点专注，但是互联网时代下，随着整个产业形态的变化和技术的提升，产业的边界越来越模糊，新的商业模式必须应运而生，产业链的垂直整合必将战胜工业时代的专业化分工。而乐视只不过是最早看到了这个方向，并且

在全球最早践行了这个理念而已。

如果这个话3年前问，估计99%的人都听不懂，到今天，我认为至少有百分之三四十的人能够看清楚这种方向，从竞争对手对乐视的模仿复制就能够看出来。

苏睿，《贾跃亭：我是拿长矛的堂吉诃德》，《环球人物》，2015年第12期

乐视生态是什么？

乐视生态的本质

我们打造的"平台＋内容＋终端＋应用"的乐视生态，其本质是产业链的垂直整合。垂直整合更符合互联网时代用户的需求以及经济发展的趋势，代表着先进的生产力。

其意义在于：第一，是真正能为用户打造极致体验的产品和服务，为用户创造最大价值；第二，可以打破创新边界、跨越创新鸿沟；第三，推动各个环节协同，引发化学反应；第四，开放联合产业链各环节上的合作伙伴，共同创造更大的社会、经济价值。

贾跃亭演讲，乐视总监大会，2015年3月11日

乐视生态的特征

其实生态有两种，一种是横向的生态，其实我认为它不是生态，另外一种是乐视这种垂直的生态，我认为这才是真正的生态系统。横向很难有指数效应，很难有化学反应，最多是加法。

腾讯虽然号称生态，但其实不是本质的生态，因为它只做互联网应用层，从QQ开始，到腾讯网、拍拍，等等，它失败很多，强大如腾讯已经几乎垄断了中

国的互联网用户了，为什么也一样失败？因为它没有强化学反应，只是一个简单的累加而已。

但是乐视的生态，纵向的生态这几大环节，从最底层的平台：云视频开放平台、大数据平台、乐视商城和方舟系统，大数据和方舟系统主要服务内部生态系统服务的，云视频平台和乐视商城这两个业务是开放的；第二层就是内容层，分两块，采购和制作，制作就是乐视影业；第三层就是硬件层，电视已经是线上销售绝对的王者，遥遥领先；再到上层的应用层，乐视网的应用算是在行业内能够在一线的位置，但是这块其实等于说竞争最激烈，因为主要是和三大家竞争，阿里巴巴的优酷、百度的爱奇艺、腾讯的视频，它们本身就有庞大的互联网平台来做支撑，但是乐视一直能够顶住压力和它们交织在一起竞争，这其实是生态化学反应的魅力。

伏昕，《大家在慢慢看懂乐视》，《商业周刊／中文版》，2015 年第 9 期

我们当前的主要任务是把"乐视生态"打造好，它有两大特征，一个是开放，不断引入更多外部的互联网应用服务，我们也希望产业链当中各个环节能够拥抱更多的产业合作者；另一个是闭环，我们必须把平台、内容、终端、应用形成一个生生不息的循环系统，通过生态协同，发挥生态聚变效应。

彭张侯，《颠覆还是融合——访贾跃亭》，《中国报业》，2014 年第 11 期

乐视生态的边界

第一个是乐视到底做什么事，必须是和乐视生态的核心诉求高度相关的产业。就是和乐视的主业产生非常强的化学反应，包括互联网的平台、互联网内容、互联网应用，以及强相关的智能硬件。其次是用户需要什么，有些面向未来的需求，别人还没有做或还没有做好，乐视就希望做先驱。对乐视来讲，凡是我

们进入的产业，首先会有非常强的自信心，不会盲目进入；而我们也做好了失败的准备，即使无法成功，但需要去看乐视做这件事是否推动了行业发展和进步，为用户提供更多的价值。如果这些做到，乐视的战略就已经是成功了。当然我们希望我们的想法能够顺利实现。如果不够决绝，反而是风险极大，如果全力以赴，反而风险变小。

贾跃亭答投资者，乐视网投资者交流会，2015年2月4日

关于边界，我们有一个清楚的表述了。乐视生态是有边界的，今天乐视是七个子生态。乐视进入新领域的三个原则：（1）强相关、强化反业务（多元化产业不做）；（2）推动产业的变革（进入产业是为了带动产业的进步）；（3）全新的用户体验（比如乐视汽车、易到用车等）。

贾跃亭答投资者，乐视网股东大会暨投资者交流会，2016年4月12日

乐视生态的协同

"乐视生态"是平台、内容、终端、应用垂直整合的完整生态系统，整个链条环环相扣，需要团队之间密切协同、水乳交融、无缝链接，只有有效的生态协同，才能产生化学反应、发挥聚变效应，打造出极致体验的产品和服务。希望每个链条上的每位领导、每位员工，增强补位意识，打破本位主义，不要拖大家后腿。

贾跃亭演讲，乐视年会，2013年2月3日

乐视战略的复杂程度与实施难度都非常巨大，在全球几乎没有先例可循，如何不断实现自我超越？这是每一个乐视人都要直面的问题。

我们需要时刻警醒，人人都是生态链条中的一环，要有补位意识，协同意

识。协同对于乐视生态的成败至关重要,生态成,则乐视成;生态衰,则乐视衰;生态亡,则乐视亡。协同高效,才能产生聚变效应,协同不利,则陷入内耗,甚至导致生态坍塌。所以,生态协同的成功与否,关乎乐视生死。

贾跃亭演讲,乐视生态开放年会,2014年1月23日

战略与决策:董事会制定不出伟大战略

公司的未来不能交给董事会

我的理论是所有的战略只能是个别人去想的,如果是一群人讨论出来的战略,那就是个平庸的战略。所有的顾问公司,都是对过去的成功经验做出总结,然后告诉别人,微软怎么成功的,谷歌怎么成功的,这些都是上个时代的事情。时代变了,互联网时代变化速度更快,绝不可以照搬,否则死路一条。

正常的战略,肯定是讨论的人越多越安全,讨论的人越多越稳妥。当一个公司不追求颠覆,肯定风险更小,但当时代变革来临的时候,当行业进入拐点的时候,这些公司就会一夜之间倒塌。当PC互联网向移动互联网切换的时候,不是大公司们看不到,而是做不到,这些人全是精英,他也知道未来不会一直是电脑,该向手机转了,为什么一个接一个地失败?像英特尔那么伟大的公司,移动互联网时代芯片和它没关系了,这种大变迁到底深层次的原因是什么,我觉得原因很多,核心原因之一就是董事会制度。

这话听起来有点耸人听闻。毕竟董事会制度已经有上百年历史了,怎么会说失败是因为这个?我的看法是不同的阶段必须采用不同的策略,尤其是公司的治理策略。西方一批成功公司的崛起是因为董事会制,失败也是因为董事会制,这

就是成也萧何败也萧何。

当公司进入平稳发展期的时候，董事会非常重要，不会因为一个人的决策失误对公司造成重大的影响。但当时代变革来临的时候，这些人没有敢于下决心自己革自己的命，也没有人有这个权力和能力去革自己的命，因为董事会不是一个人说了算。

董事会有非常重要的使命，在让一个公司在战略落地的时候它很关键，但做重大决策的时候绝对不是由董事会决定。那不是乐视的基因。要是这样的话，乐视早就没了，或者早被 BAT 收购了。

李好，《对话贾跃亭：小米慌了，才会疯狂攻击》，福布斯中文网，2015 年 6 月 24 日

从未来定义未来，再从未来定义现在

我认为，从现在去定义未来，是不可能做出颠覆性产品，成为一个伟大公司的。而我主张的是从未来定义未来，再从未来定义现在。超级汽车战略正是从未来定义未来的汽车、从未来定义我们制造汽车的模式。我相信，超级汽车亮相之时，汽车会被重新定义，就像我们重新定义电视一样。

贾跃亭致全体员工邮件，2015 年 1 月 4 日

2004 年成立乐视网的时候，就已经有大概的想法，坚持超前的战略也是我们发展的一个极大的特征。

当时我们觉得有几个趋势：第一，互联网发行影视剧，将会取代传统的有形介质、光盘、碟机这种发行模式。随着技术的提高，以后所有的存储都是在云端，当然当时还没有提出云的概念。这也是我们一开始就做正版，做收费的重要

原因。

第二，网络视频化、视频网络化。前一二十年，互联网传播信息的方式主要是图文。但是从长远来讲，视频展现的冲击力比图文还是要强很多，所以未来视频肯定是主要的传播信息的方式。这也是我们基于视频领域全面发力的一个重要原因。

第三，电影、电视剧这种长视频和专业视频更适于大屏幕。当时我们也考虑先从 PC 做起，等条件逐步成熟了，最终的发行介质肯定是 TV，尤其是付费类。

张勇、沙春利，《贾跃亭：颠覆者的逻辑》，《21世纪经济报道》，2013 年 8 月 19 日

我们希望自己是造风者，当然第一是对趋势的判断，大趋势不会因为一个企业而改变的，但是一个优秀的企业绝对能把趋势变得更快，能够让这个趋势提前到来。乐视一直喜欢做这样的角色，这也其实恰恰是乐视能够生存到今天最最核心的要素，就是我们能够比较早地看到未来，并且比较快速地去行动，所以就可以用较小的资源撬动非常大的市场。

伏昕，《大家在慢慢看懂乐视》，《商业周刊/中文版》，2015 年第 9 期

组织与激励：打破组织边界是跨界的核心

为什么要建立生态型组织

过去，我们虽然在做生态型的业务，组织结构却是专业化分工的，这导致各块业务链条上的同学对乐视生态只是管中窥豹，且不说是否具有协同意识，单纯从操作层面就不具备可行性。当然，还有更加不能容忍的山头主义、办公室政

治、部门墙等现象，这些都是严重影响我们前进的桎梏。因此，我们必须进行彻底的组织变革，打造与生态型业务相匹配的生态型组织。

生态型组织是什么样？大家没见过，我也没见过，但是我们要像开创生态型业务一样，创新组织结构。谁说一个公司的组织架构只能是一种？谁说一定要按层级汇报？我们要打破固有的对组织架构的认识，让组织架构来适应我们的乐视生态。

贾跃亭演讲，乐视总监大会，2015年3月11日

生态型组织最重要的是扁平化和网格化

生态型组织最重要的是扁平化和网格化。扁平化是效率的保证，强调的是减少管理层级，打破大组织的官僚和僵化，使运营和决策更加贴近用户、贴近市场，使组织高效决策，反应敏捷，更快速地响应用户的需求和市场的变化。

但对于产业链垂直整合的业务战略来讲，跨界创新和协同创新是核心驱动力，扁平化是远远不够的，还需要网格化的结构来解决协同问题。

随着公司的发展，组织结构金字塔化，部门之间条块分割，壁垒加深，组织活力在内耗中逐渐丧失。网格化组织一方面强调交叉管理，打破部门墙，模糊组织边界，大幅提升协同效率，彻底消除因业务隔膜而造成的创新壁垒。同时，在交叉管理的基础上，协调跨部门资源建立项目制的团队，形成面向前端、反应灵敏的小单位的网络状结构，并配套以鼓励团队创新和求胜的机制，使每个小单位都成为增长的发动机。

更深层次的网格化组织，在跨界竞争即生态系统竞争时代，还意味着重塑公司边界，从封闭走向开放，将外部利益相关者纳入公司生态中，从而形成更强大的生态竞争优势。

贾跃亭演讲，乐视生态开放年会，2014年1月23日

乐视将创新组织理论，颠覆从自我开始，每一位管理者都必须改变自己，不断提升协同能力、管理能力、统筹能力和学习能力。

贾跃亭演讲，乐视总监大会，2015年3月11日

领导者做组织管理要重视三张图

对一个人最大的影响、对一个团队最大的影响往往来自于这个团队的负责人，他才是一个组织环境、文化核心决策的决定因素；他才是决定一个团队的状态、员工敬业的最核心的影响要素。一个部门换一个领导结果可能完全不一样，同样一批员工，但是所做出的成绩却可能截然相反。leader定生死！

贾跃亭新浪微博，2014年3月18日

领导力的核心其实就是组织能力，组织分四块：第一，组织结构，这就是我们生态型的组织结构；第二，组织成员，就到底能找到什么样的人；第三，组织资源；第四，组织激励。

我最重视三张图，这也是给乐视同学们灌输最多的。

第一，战略全景图，每次讲PPT我都会把我们乐视生态的那张大饼图画出来，不仅是公司的战略，还细化到每个部门的战略，三年、一年、一个季度的。

第二，组织全景图，组织全景图也是我给他们提的要求最多的，一个业务线的领导也好，或者一个部门的领导也好，是否能画出组织结构代表他对战略的理解力，如果战略全景图和组织结构图能够非常好地match的话，那么就成功了一半。

第三才是具体的执行的图，细化到月、周、日的图。我们每周开会的时候就是拿图来开会的，比如一个月的项目全景图，横轴是时间，纵轴是项目，细化到

每周、每一天，甚至还有第三维度是交叉在一起的点，把这几张图掌握了，我觉得整个管理就会非常的游刃有余。

伏昕，《大家在慢慢看懂乐视》，《商业周刊/中文版》，2015 年第 9 期

组织成员既是专才还是全才

我们要意识到，生态型组织并非只是简单地调整组织架构，而是对公司管理机制及员工能力都提出更高的要求，比如更大的管理跨度、更宽的知识领域，更体系化的配套机制等。

这要求组织成员既是专才同时还是全才。专才，要求你把长板发挥到极致，而全才则要求你要清晰地知道你相关部门的协作者是谁，在做什么，需要什么，更要考虑部门之间业务连接点的创新可能是什么，你还要随时准备好为协作者提供支持，而不只是被动等待，要去除本位，超越自我。

贾跃亭演讲，乐视生态开放年会，2014 年 1 月 23 日

合理解决长期、中期和短期的激励问题

在组织创新上，我们做了大量探索工作，也走了一些弯路。我们不是一家以管理见长的公司，跟我个人能力有关，我个人的兴趣更多是：战略、组织、产品。我真正在管理上的能力是有缺失的，但管理很强的公司可能就会扼制创新力。跟许多国内大公司相比，我们在管理水平上还处于"小学生"的水平。怎么样在管理不完备情况下实现快速扩张，这就对财务与 HR 提出很高要求。我们简单的办法，就是跟我们的激励密切相关。

贾跃亭答媒体，乐视收购 VIZIO 发布会，2016 年 7 月 27 日

组织架构、组织成员和组织资源解决之后，最重要的就是组织激励。以前更多的是梦想、使命感，但梦想和使命感不是全部，要合理解决长期、中期和短期的激励问题，尤其是非常复杂的生态业务，组织激励显得更加重要。所以今年我们合伙人改制非常重要，非上市公司我个人拿出 50% 的股权送给管理层和全员。非上市公司体量已经非常之大，相信对团队积极性的提升会有很大帮助。未来希望大家是自觉、自发，形成密切协同的跨行业协作。

贾跃亭答投资者，乐视网投资者交流会，2015 年 2 月 4 日

与员工分享公司成长收益是乐视的核心理念之一，今年上半年，将会全力推行合伙人制计划，让每一位正式员工将来都能拥有整个乐视生态原始股份，并且达到同岗位全行业最高比例，让每一位合伙人都要能够独当一面并密切协同，让每一位乐视人都能后顾无忧地全情投入到大家的共同梦想中来。

贾跃亭致全体员工邮件，2015 年 1 月 4 日

乐视跨了很多产业，有平台性的，有垂直性部门，还有职能性部门，怎么样让大家用同一个语言、同一种思维，利益一致性很重要。乐视解决的一个问题就是，大锅饭与独立奔跑的问题。对全球大公司来说，有两种激励，一是大锅饭，二是自行激励，各部门与团队老死不相往来。50% 以上的乐视人都同时持有两种股权，一个是乐视全生态的股权，二是垂直业务的股权，这两种甚至多种股权激励的融合，很好地解决了整体与团队问题。

贾跃亭答媒体，乐视收购 VIZIO 发布会，2016 年 7 月 27 日

产品与消费观：不为硬件埋单

只有整合创新，才能打造极致产品

其实我们这个产品（超级电视）成功与否我觉得最重要的还是用户体验，这也是互联网模式下最最核心的一点。硬件其实是个载体，并不是最重要的，更重要的是乐视 TVUI 系统，操作系统完全是乐视自主研发，专为大屏而生的一个操作系统，然后在操作系统之上，各种的应用和服务，以及各种内容。还有更加重要的，反过来就是最底层的语音、视频开放平台，整个链条上的各个环节的用户体验能不能做到极致，能不能不断地快速迭代，这是我们接下来最最重要的工作。

伏昕，《乐视迷局："颠覆者"贾跃亭能否打造大屏巨无霸》，《中国企业家》，2013 年第 11 期

最早的手机主要功能是打电话、发短信，那是 1.0 时代，进入 2.0 时代，手机"硬件+UI"统治了整个业界。发展到今天，软硬结合的模式已经严重同质化，远不能满足用户不断更新的需求。下一个时代在哪？手机 3.0 时代，是生态手机的时代，如同超级电视引领电视产业由硬件时代进入生态时代一样，乐视超级手机的出现将会引领手机进入生态时代。

贾跃亭演讲，乐视 2015 年度战略沟通会，2015 年 3 月 10 日

汽车产业正面临着一个百年一遇的巨大历史变革机遇。汽车产业将会有四大趋势。电动化、智能化、互联网化、社会化。四大趋势都不是传统的这些汽车巨头所擅长的。

贾跃亭演讲，国际冠军杯中国赛深圳站开幕式，2015 年 7 月 24 日

新物种乐视

汽车产业是传统产业最大的产业，或是最最顽固的产业，我们认为历史拐点应该很快会到来，当汽车能够以高速联网的时候，其实汽车已经不是汽车了，真正地会变成智能交通的全新的互联网生活场景，汽车的出行工具从 A 到 B 是基础功能，A 到 B 真正发生了什么是真正的变革机会，希望更多的产业创业者投身到历史大潮变革中，这次变革有可能是由中国引领的，我们认为机会远远大于资本寒冬。

贾跃亭演讲，中国企业家领袖年会，2015 年 12 月 5 日

电视会是乐视生态非常重要一个场景化的产品。电视、汽车和手机三个产品分别代表家庭、出行和随身，这三个场景乐视都能够给你提供非常好的产品。而且这是一家公司做这三个产品，把这三个产品彻底打通。不是说电视你用三星的，手机用苹果的，汽车开奔驰的。乐视未来希望打造高品质、截然不同的生态圈，这是我们的基本面。

李亚婷，《堂吉诃德·贾：颠覆者的孤独之旅》，《中国企业家》，2015 年第 9 期

今天，这场看似疯狂的发布会，同时发布了横跨汽车、电视、手机、VR 四大产业的四个智能硬件。在此之前世界上还没有任何一家公司曾经做到，在传统产业的眼里，这四大终端不可逾越。而在我们眼里，恰恰相反，看似是四个不同的终端，但它们都被乐视赋予同一大脑，同一神经中枢，同一血脉，共享同一生态。

当乐视的四大终端汽车、手机、电视、VR 同框时，我仿佛看到了心中的生态理想世界，正在成为现实，正在让每一个乐迷从中找到自己的生态理想国。

《我心中的生态理想世界，一切可以破界流动》，贾跃亭微信公众号，2016 年 4 月 20 日

要有颠覆性产品，还要有颠覆性价格

我们必须认识到，在互联网时代，现在还有人愿意为品牌溢价、渠道成本、营销成本埋单吗？乐视的理念首先是我们愿意打破信息的不对称，要打造让用户疯狂的产品，但这远远不够，我们同时要提供让用户疯狂的价格。我们认为只有让用户疯狂的产品才是好产品，只有真正坚持"两倍性能，一半价格"，才能让用户疯狂。

彭张侯，《颠覆还是融合——访贾跃亭》，《中国报业》，2014年第11期

作为以用户价值为核心目标的全新互联网生态企业，我们不会效仿他们一样逐水（利）草（润）而居。从一开始，乐视就坚持站在全球角度，服务全球用户、共享生态世界。

我们要顺应互联网生态时代的趋势，主动完成价值的迁移。互联网生态世界里，硬件甚至不再是入口，它只是一个节点，它与附着其上的交互应用、底层的云端等一起，联结企业、用户与生活。

我们一步步放弃附着于其上的品牌溢价、渠道溢价、硬件溢价甚至于硬件成本本身，我们的终端从微利、零利、负利，直至逐步实现免费。目的就是以非核心价值的硬件价格为切入点，推动现有的消费模式的变革、形成全新的用户生态消费观。

贾跃亭，《从博傻到硬件免费：414约你进入生态消费时代》，贾跃亭微信公众号，2016年4月10日

乐视的收入是多维度、多层次、全流程的。除了硬件收入，乐视的收入分为两大类：一类是用户为核心价值埋单，另一类是客户替用户埋单。有一些用户的确

不愿意为高价值的服务埋单，但没有关系，我们的客户可以替用户埋单，甚至还有大量的发烧级用户替普通用户埋单。我们认为在生态时代，企业应该有生态价值观。

在乐视的排序中，第一是用户价值，第二是社会价值，第三才是企业价值和股东价值。所以，我们不会刻意地追求短期回报，而是希望在未来，我们的收入和利润是一个顺其自然、油然而生的过程。所以，即使很多用户不为内容埋单，也没有关系。随着我们越来越多的高价值互联网服务的推出，相信总有一款适合用户，总有打动用户为非硬件付费的时候。

江涛，《乐视的逻辑》，《商业评论》，2016年7月刊

资本市场是个称重机很对，但是长期称重下来，而不是短期的。一个公司是否有价值，盈利能力只是在后半阶段，最起码过了中盘，才去考量盈利能力。早期绝不应该过早地考量盈利。考量盈利的话，必然会伤害用户利益。而互联网模式是一切以用户为中心的，而不是以企业为中心的。工业时代下以企业为中心，所有战略目标的制定，都是为企业价值考虑，其次才是用户价值。

在互联网模式下，一个公司价值的高低不是你的盈利能力，而是你真正的推动产业进步的能力，推动人类生活方式改变的能力，这才是一个企业最大的价值。

李好，《对话贾跃亭：小米慌了，才会疯狂攻击》，福布斯中文网，2015年6月24日

创新与颠覆：99%的人不看好的事情，才有可能成就颠覆

只有商业模式创新，远远不够

过去是产品和技术的创新、商业模式创新孤立来看。我们提倡的是生态式的

创新。未来互联网将是基础性的平台和基石，去变革各个传统产业。可能通过整合、跨界化反，几个传统企业整合为一个生态。

我们认为产品技术创新做到极致也不够，我们说的生态包含三个方面：极限科技、完整生态（全流程的创新）、颠覆价格。

传统创新是升级的创新，环节的创新，乐视是生态式的，我们希望打破硬件和软件、平台层、互联网应用的壁垒，形成端到端的创新和形成生态。

贾跃亭答投资者，乐视网股东大会暨投资者交流会，2016年4月12日

乐视的创新涵盖技术、产品创新等基础创新，和商业模式创新，文化、制度创新。

贾跃亭演讲，乐视"无破界，不生态"发布会，2016年4月20日

只有少数人能看到颠覆性创新

这也是我对创新的一种理解，凡是颠覆性的创新只是极少数人能看到的，当大多数的人都反对的时候，这个事有可能惨败，但也有可能获得巨大的成功。要说大家都进入一个领域了，大家都拍手称快的时候，那就意味着所有人都看到这个机会了。当大家都看到这个机会的时候，也意味着它是一个成熟的市场了，根本不大可能产生颠覆。颠覆就是当大家都不看好的时候，才有可能做一个突破。我们做盒子的时候，也很少有人认同，但最终也证明我们做对了，同样，超级电视也是对这句话的证明。

苹果有一句slogan——"think different"，不同凡想。我曾经说过一句话，99%的人不看好的事情，才有可能成就颠覆。

过去，我们一起做了很多不可思议的事情，经历过他人的嘲讽、讥笑，也经

常让人看不懂、看不清，现在有很多企业争相来乐视学习、交流，乐视一直没有变，乐视的理念、精神、价值观一直没有变。

别人不屑版权时，我们在视频行业最先重视版权。三五年后，别人需要从我们这儿买版权，我们已成为中国唯一盈利的视频公司。

别人以为影业制作发行是互联网公司不务正业时，我们逆流而动，现在别人反应过来追赶时，乐视影业已经成为互联网影业公司的绝对领跑者。

别人看轻硬件未来，连资本市场最初都看不懂不买账，我们却坚信乐视有硬件基因。也就半年，我们自主研发的超级电视已经推出来了。到今天，超级电视卖出了一百多万台，网上的份额占据第一，打破了多项销售纪录，品牌知名度已经不亚于深耕多年的传统品牌。最重要的是，乐视生态"平台+内容+终端+应用"已经打下坚实的基础。

贾跃亭致全体员工信，2014年9月22日

乐视的确每天都站在悬崖边上，但的确是这种危机，才意味着我们足够前瞻，只有前瞻，才能倒逼大家。如果我一直做乐视CEO，估计这会是乐视的常态。一旦CEO过得舒服，说明这公司的创造力开始枯竭了，所以乐视就是家苦逼的公司，来乐视就得接受这种苦逼的生活。

贾跃亭答媒体，乐视收购VIZIO发布会，2016年7月27日

突破上一代企业封锁，只需做一件事

可能在外人看来，乐视想成为一个伟大的生态型企业或许又是一个堂吉诃德的梦想？但2013年发布的超级电视、2015年发布的超级手机，当年被嘲笑过的梦想现在都已经一一兑现。超级汽车"SEE计划"出来时，行业嘲笑我们吹牛。

今年北京国际汽车展上，超级汽车概念车将正式亮相，"我们吹的牛又实现了！"

只有被 99% 的人嘲笑过的梦想，才有资格谈那 1% 的成功。

贾跃亭演讲，乐视年会，2016 年 02 月 28 日

每个时代都会有一些代表性的企业，每个时代都会有一些垄断整个社会资源的企业，但其实这些都不重要，因为时代在不断变化，每个时代变迁的同时都会诞生全新的更加伟大的企业。所以，如何能够突破上一时代企业的封锁，或者是大山，其实只需要做一件事，判断下一个时代到底是什么，而不是在它们的延长线上去做创新，更不是依赖 BAT 强大的资源。就像今天郭总（郭广昌）讲的，依赖 BAT 的入口，很多小企业都有这样的想法。但是，如果能从另外一个维度思考问题，能够站在更高的维度，能够站在下一个时代的维度去制定你的战略，能够通过自身的努力去走一条完全不同的道路，你就有可能引领下一个时代。

贾跃亭演讲，中国绿公司年会，2016 年 4 月 24 日

如果有一天，你有机会改变历史，为什么不选择试一下呢？打破旧势力、终结"博傻"行为，形成全新生态消费观、共享生态世界、让用户和合作伙伴建立起属于自己的生态理想国——这是恒久探索未来的企业应该要有的态度，这是为了引领时代趋势所必须做出的选择。

我们也许会成功，也许会死在成功的路上。

《从博傻到硬件免费：414 约你进入生态消费时代》，贾跃亭微信公众号，2016 年 4 月 10 日

资本与融资：公司方向不能由基金来决定

融资能力是乐视的短板

我们现在做增发，已经报到会里正在等待审批。乐视的运营效率比较高，融资能力比较差，这也是阻碍乐视生态快速发展的其中一个原因，所以我们现在也是希望能够快速补强这个短板，真正用合理的资本来推动业务的快速发展。

你会看到我们上市公司之外的业务公司，已经开始做一些股权融资，包括刚做完的乐视影业，估值已经将近 50 亿元。接下来的乐视体育、乐视云计算，这几个具备高速成长的公司，也会做一些股权融资。

张斯，《贾跃亭承认乐视融资能力差：非上市资产将启动股权融资》，《每日经济新闻》，2014 年 11 月 27 日

由于股权融资能力不足，对乐视的发展有掣肘，抗风险能力有影响。2015 年股权融资是乐视最重要的事情之一。因为战略上、组织上比较领先，如果有效解决资本问题，乐视未来三年的腾飞就会是非常大概率的事件。

贾跃亭答投资者，乐视网投资者交流会，2015 年 2 月 4 日

乐视生态高速发展的路上也存在一些风险与挑战，随着超级手机和超级汽车的投入，公司面临资金紧缺的情况。公司的融资能力还有待提高，我们从上市至今只融到了 1 亿美金的资本，但却创造了百亿美元的市值。我们对资金的利用效率是非常高的，资金的短缺影响了我们的高速发展。国内资本市场的再融资门槛过高，也产生了不同程度的影响。

贾跃亭演讲，乐视 2015 年度战略沟通会，2015 年 3 月 10 日

融资一直是乐视非常短的短板。说乐视生态是建立在股价之上，坦率地讲，有一定的道理，最起码在之前是这样的。我做了大量的股权质押，把所有的钱都投到非上市公司体系，等于我们是双线作战，一个是上市公司体系业务要高速增长，另外一个所有烧钱的业务，培育期的业务，还没有进入利润高速增长期的业务，都得自己来做。

这是由中国的股票市场资本的规则决定的，因为不允许你亏损，一亏损的话，几年就变成 ST（ST 股票，在股票领域上是指上市公司连续两个财年亏损而被特别对待的股票）了，两年就得退市了，只能把前瞻性的业务放在体外，很多股东不理解，有的说为什么不把乐视体育放进来呢，体育是一个短期不可能盈利的业务，收入增长很快，但是它目前不盈利。手机更是这样。乐视把手机当作是一个重要的入口，是整个移动互联网生态的入口，我们不会在硬件上赚钱，上市公司根本接纳不了。在这种状况下，就得用我个人的钱来投。

李好，《对话贾跃亭：小米慌了，才会疯狂攻击》，福布斯中文网，2015 年 6 月 24 日

乐视不是下一个"蓝田"

很多人从负面的角度考量这件事，批评这个方案。其实如果我只是想要变现的话，可以有无数种方式。很多人问我："你宁愿质押也不愿意卖股票吗？"我现在质押率已经非常高了，只有卖股票才能让这笔钱长期借给公司，因为质押都是短期的，不适于做长期的投资。我将减持所得的 100 亿元五年免息借给上市公司，这对上市公司和整个乐视生态的帮助是非常巨大的。乐视做到今天，如果还是为了个人这点钱，根本没必要这么拼命了。

乐视在做的是创新，蓝田是家造假的公司。怎么看待乐视的财务状况、盈利

状况，本质是新旧时代如何考量创新型公司的一次碰撞。对于创新企业，应该更关注商业模式和公司改变行业的能力和对全人类的贡献。

美国资本市场也是一样的，对亚马逊不会用利润来考量，而对阿里巴巴是考量市盈率的，这两家公司看似接近，但市场看法完全不同，这是什么原因呢？最重要的原因还是战略的愿景。马云是个非常伟大的人，是战略家、思想家和社交家，他的战略绝对非常牛，但阿里巴巴目前的战略投资者已经能够看到未来了，成熟性的公司不可能有太大的变化。

亚马逊虽然长期亏损，美国投资者认为亚马逊的战略依然是刚刚开始，公司市值已经突破万亿。这是一个不断在创新、代表未来的公司，贝索斯的理论就是推动社会进步，我可以把所有的盈利全烧掉，就是为了不断地创新，不断地做新的业态。他也做了很多尝试，比如手机，虽然失败了，但是这和他的理念是有关系的，美国唯一一个能够赶上苹果的公司有可能是亚马逊。

怎么看待乐视也是一样。净利润不应该是衡量一家企业价值的第一标准。在旧工业时代，赚钱能力是第一位的，这是行得通的。但现在，衡量企业价值应该是看未来，而不是净利润等硬性指标。

李好，《对话贾跃亭：小米慌了，才会疯狂攻击》，福布斯中文网，2015年6月24日

乐视体育无论在用户数、还是商业模式的未来的空间上，的确已经远远不是传统体育公司的理念了。乐视不是忽悠能力很强，乐视资本能力是非常差的，和外界的理解不一样。只是一些前瞻性的投资家，看到或许乐视的模式能够代表未来——这些风投家愿意为未来的可能性埋单，这也是一个重要的因素。

《看似与全世界为敌的乐视，其实是最好的生态伙伴》，贾跃亭微信公众号，2016年3月27日

公司不能被资本控制

乐视一直比较习惯于在现金紧张的情况下开拓新的业务，因为我们不希望通过股权融资的方式把更多的股权稀释给财务投资者，有公司由于过度的融资导致管理层丧失掌控能力，更不要谈重大的战略构想，永远只能是着眼于现在。我们会把现金流把握在一个较为合理的程度。

伏昕，《乐视迷局："颠覆者"贾跃亭能否打造大屏巨无霸》，《中国企业家》，2013 年第 11 期

我们现在更多选择的是债权融资，因为这个行业刚刚起步，过多的股权融资，成本挺高的，对管理层并不是特别好，我们更希望把股权分给员工，乐视的员工持股比例在全行业都是最高的，包括我们各个分公司都是同样的模式，乐视员工持股基本上每家公司在 20% 到 30% 之间。

但是，未来也有可能有股权融资，因为债权人对利润的侵蚀还是挺大的。

信海光，《为什么是乐视——九问贾跃亭》，信海光新浪博客，2013 年 11 月 11 日

我们希望乐视的资本不光是由内部的人分享，更希望由全社会的人分享，不是二级市场公开上市之后那种分享，那只是浅层次的分享。更深层次的分享，是所有和乐视生态能够产生强相关、强化反的人或者组织，我们都欢迎进入乐视生态的资本分享计划。

我们融资的时候，不只是向财务投资者进行融资，而是向所有产业链相关的重要的参与者进行。融资不是目的，而是让他们真正地和乐视生态共生。我们希望用开放的模式，真正形成外部、内部的共生，以及全社会的共生。我认为这又

是全球资本领域的一个非常大的创新。

李好，《对话贾跃亭：小米慌了，才会疯狂攻击》，福布斯中文网，2015年6月24日

中国与全球化：中国互联网公司要抓住时间窗口

乐视为何选择全球化

为什么要回顾历史，我想强调的是，乐视一贯强调前瞻性。别人想不到不敢想时，我们已经在行动。"用户、前瞻、快速、协同、极致"是我们的理念，互联网时代，一个互联网公司布局，一定要考虑未来3~5年的发展趋势，这就是为什么我们现在启动乐视全球化的原因。

全球化是大势所趋，中国互联网对传统行业变革的方面，已经走到了世界的前列，包括乐视垂直整合的生态模式，我们希望将乐视生态模式复制到全球，这也是乐视能够改变中国企业在全球企业当中竞争格局和竞争地位的一个非常好的方式，我相信这个模式，即使不是乐视，也会有中国其他的企业真正地去占领全球市场。

国家政策的大方向也鼓励中国企业走出去，扶持像乐视这样的内资企业将中国文化软实力传播到世界各地，乐视生态的"平台+内容+终端+应用"的模式将会是最好的承载传播平台之一。

贾跃亭致全体员工信，2014年9月22日

全球经济增长乏力，其中一个重要原因是创新乏力。中国企业在全球化征途中，C端取得成功的可以说是凤毛麟角，因为一是技术落后，二是在商业模式上

处于低维层次。不过下一个时代，我们认为推动全球经济增长最大的点是"生态创新"，或者说"多维度多层次的创新"，而不是单点创新。那么一是如果能用互联网手段去变革传统产业，二是如果能把看似很多不相关的产业打破边界，可以爆发出很大潜能。中国企业在这两方面都有得天独厚的优势，互联网应用发达，且产业壁垒不如美国等发达国家强大。这是乐视敢于在资源那么紧张的情况下，全力以赴做全球化的基本原因之一。

这次跟 VIZIO 合作，就是希望用我们的模式去跟传统家电碰撞产生创新。这也是我们全球化重要的方式方法。

贾跃亭答媒体，乐视收购 VIZIO 发布会，2016 年 7 月 27 日

日本和韩国是没有互联网的国家，因为他们无论是人口还是整个国家经济形态还是以工业为驱动力，只有中国才真正地具备最大的互联网国家、最强的制造能力、消费电子能力同时还是文化源远流长的国家。

同时中国的跨界环境也非常好，虽然跨界过程中会遇到强大的阻力，但是阻力和美国相比是小很多的，我们认为全球互联网的生态时代将会由中国企业引领，未来一二十年是中国互联网生态企业全球范围内战胜日韩和欧美企业重大的历史机遇。

贾跃亭演讲，中国企业家领袖年会，2015 年 12 月 5 日

乐视全球化的发展路径

全球化方面，我们希望智能终端首先能取得非常大的突破。超级手机、超级电视希望能作为尖刀杀向美国、印度、欧洲等核心市场的心脏，互联网及云生态全面跟进，超前全球布局。

超级电视主攻美国与印度市场，以华人市场为第一批主要覆盖人群，中国市场销量600万台；超级手机进入海外主流市场，中国市场目标销量达到1 500万台。乐视体育全球战略加速，继续夯实行业绝对第一地位……

贾跃亭演讲，乐视年会，2016年2月28日

是什么导致全球经济增长乏力？我们认为，一个重要原因就是创新不足。那又是什么原因导致创新不足呢？是传统产业主导及专业化分工所形成的各种无形壁垒，阻碍了创新力的生长和爆发；同时地缘经济和传统的地域产业分工惯性思维下的地方保护主义阻碍全球经济进一步融合和快速发展。

而以互联网技术为基础的生态创新则正在成为全球经济增长的新动力，并正在催生全新的经济形态——互联网生态经济。

生态经济是以互联网为基础和纽带，实现跨产业垂直整合下的价值链重构，形成全球化的开放式闭环共享生态系统，通过跨界创新、破界化反，创造全新用户价值和经济价值的下一代经济形态。

贾跃亭演讲，圣彼得堡国际经济论坛，2016年6月18日

乐视在全球化路径上的想法：第一，希望把生态化模式能够比较完整地复制到人口比较多的国家。第二，通过兼并收购把我们的资源注入合作伙伴，从而获取更多的用户数量、特别是高价值用户数量。

中国国际化不好做，首先源于商业模式的低维，其次（是）文化上的低维。我们的做法是，业务上，首先，让底层的"云"走出去。用户更多感受到的是体验的好坏，所以业务上首先做的是乐视云的全球化部署，我们现在在全球已做了超过1000个部署，也在加紧做乐Mall的部署。顶层就是智能终端。我认为国家地区文化在智能终端上表现得并不突出，各个国家用户对此更多关心是性能、价格。我们通过底层与顶层这两端的驱动,来做业务的国际化。

真正的生态型组织再加生态型的激励机制,有可能为乐视全球化打好基础。但对我们的挑战还是怎么把生态型组织拓展到全球,因为在海外还是有文化壁垒。不过通过这几年的全球化布局,我们认为已经找到一定的破解办法。比如乐视汽车诞生之日起,我们就是一家全球性公司,直接诞生在硅谷。只有用生态性组织整合全球资源,才能变成全球的生态性组织。

贾跃亭答媒体,乐视收购 VIZIO 发布会,2016 年 7 月 27 日

第四章

资本战略的天时与地利

若干年以后，等我们再来回顾眼下这段"互联网+A股"的资本市场历史时，乐视现象恐怕仍是无法略过的一笔，甚至会成为一代人的群体记忆。

有人说，"乐视的结局可能会很极端，要么非常成功，要么全盘皆输。"但无论乐视最终是成是败，是死是活，它都曾以这样的方式存在过。

2015年6月，乐视网（指上市公司，300104.SZ）股价最高点触碰170元，市值最高超过1500亿元。

这一市值也让乐视网一举超过网易，成为仅次于BAT和京东之后的中国第五大互联网公司，约相当于9个搜狐、5个猎豹，或3.5个奇虎360。从2014年底到2015年中，仅仅半年时间，乐视股价翻了五倍多，稳坐创业板冠军宝座，人们称其"妖股"。

一个在2010年上市时只有50亿元市值的小公司，缘何在几年内市值高歌猛进，进入千亿市值俱乐部？与之相比，整个乐视（指乐视系所有公司）更像是一个谜，乐视网还仅仅是乐视版图中的一部分。乐视控股才是贾跃亭缔造的帝国塔尖，贾跃亭通过该公司以全资控股、参股或间接持股方式掌握着帝国几乎所有资产。

2016年2月底，贾跃亭在万人规模年会上对外表示，乐视全生态估值已超过3000亿元。另据规划，乐视控股（全球）预计在2022年申报IPO，市值届时将达到1.7万亿元人民币。

太多人说看不懂乐视。其难解之处，或许就在于乐视生态的复杂性和独特性。它复杂，因而难以被外界所理解；它跨界，因而竞争对手众多；它高调且激进，故而使得矛盾和质疑被不断强化——而其具体业务开展，也是由一群纷繁复杂的公司网络来运作的。

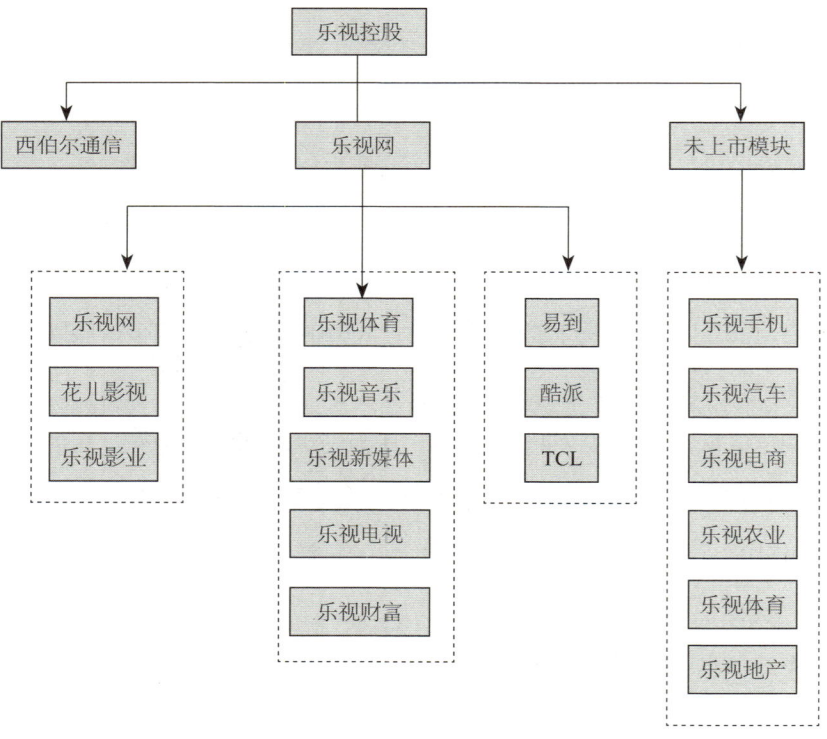

图 4.1　乐视控股组织架构图

到目前为止，乐视控股全资或直接参股的企业数量已达 34 个以上，其中包括上市公司乐视网控股或参股的 4 家子公司。乐视打造了互联网及云生态、内容生态、体育生态、大屏生态、手机生态、汽车生态及互联网金融生态等七大子生态。这七大生态贾跃亭主要通过乐视控股掌控。

在这个谜一般的乐视帝国里，想梳理乐视的资本运作，尤为艰难。我们主要从三个角度解读乐视的资本运营：一是在大时代背景下，资本市场为什么能给到乐视上市公司千亿估值，在这个过程中，乐视在产业布局上做了哪些重要之事；二是分析乐视的融资技巧，乐视是如何融资，以支持各项业务开展；三是借乐视样本，分析中国特殊的资本市场环境下，乐视是如何做好产融互动，助力乐视成为一个生态型企业；最后我们总结这一富有中国特色的资本故事，并推测乐视的未来走势。

千亿乐视，资本市场是怎么理解的？

乐视近几年的异军突起首先是赶上了一个非常好的时代，天时、地利俱在。乐视网在 A 股市场的暴涨也与中国资本市场的属性与周期息息相关。

所谓天时，指的是乐视生逢一个软硬一体化、一体化竞争的大环境。一方面，硬件的进入门槛已经越来越低，硬件企业转生态企业也不容易。另一方面，无硬件而不立，如果只做视频，到最后对于用户的争夺只取决于版权的争夺，而用户可以自由地从一个平台跳到另一个平台，吸引他们注意力的只有内容的可得性和获得成本。这也是互联网视频行业始终难赚钱的关键，盈利的可持续性难以保障。此时，就必须有企业以海陆空一体化作战的方式切入市场，就像苹果的打法。

试想，假如乐视的商业模式里没有了终端，它还可能成为一家千亿级公司吗？反过来，假如乐视手机只是一部手机，它会不会成为第二个锤子？

所谓地利，乐视在A股市场是非常独特的标的，具有很强的稀缺性。中国优质的互联网公司基本都在美国或者香港上市，比如BAT、360、京东、优酷土豆等。国内纯正的互联网公司标的非常少，乐视又赶上了中国近三年创业板的大牛市。这几个因素一结合，乐视就享受了极高的溢价。同样的逻辑，创业板的另一只互联网股票——暴风集团，上市之后，连拉30多个涨停，可见A股对互联网标的是多么的渴求。

如果优酷等同类公司也在A股上市，乐视可能就没有今天这样的估值。这也跟规则有关，要在A股上市，公司必须盈利，且每年盈利都要递增，大部分互联网公司都不满足这一条件。就连优酷、土豆这样的视频行业巨头公司，上市多年都尚未盈利，它们没法在A股上市。这也是乐视的特殊之处。它在中国的资本市场中，再加上贾跃亭给乐视构建的生态体系，让乐视借助于中国资本市场的红利，成为一个超级大牛股。

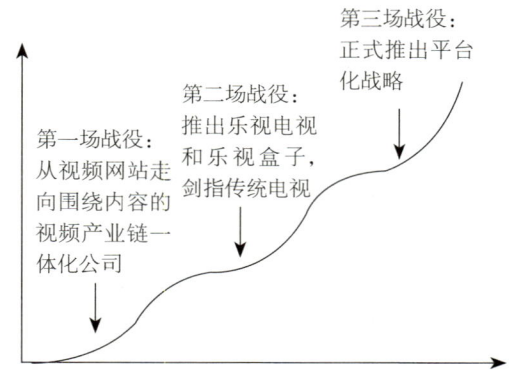

图4.2　乐视的"三大战役"

乐视刚上市时，市值50亿元，到现在1000亿元，说明什么？说明在创业板这批公司里面，它显得尤其突出、出类拔萃，如果没有地利的先发优势，就没有乐视这波的产业腾挪。正是因为A股对互联网企业给予很高的估值，360、合一集团、陌陌等都伺机回归A股，想抓住这波中国资本市场的红利。

在"天时＋地利"具足的情况下，乐视做了几件非常重要的事情，在产业对抗上赢得了三场关键胜利，带来了市值的快速跨越，我们对这三场战役做个回顾。

关键战役之一：从视频网站走向视频产业链一体化

2004年之前，虽然互联网上已经出现了视频类服务，但未出现专业化的视频网站。直到2004年11月，乐视网的成立打破了这种局面，掀开中国视频网站大发展的序幕。当时,乐视网是一个为手机用户提供服务的视频网站，还没有向PC端进军（详见本书第二章）。

2005~2006年是中国视频网站的爆发期，在资本助推下，各路创业英豪纷纷涌入视频领域。当时中国视频网站大约有500家，大都是奉行互联网免费分享的UGC模式，烧钱换流量以吸引广告。一些知名网站比如土豆网、56网、激动网、PPTV、PPS等都是2005年左右上线，构成了我国视频网站群体发展初期的主要成员。成立之初，这几大视频网站便确立了各自不同的发展侧重。乐视网定位为以影视剧发行为主的长视频网站；而土豆网、56网和激动网均定位为以用户上传内容为主的视频分享网站；PPS、PPTV则是运用P2P（PEER-TO-PEER，即点对点播放技术）技术的网络电视客户端。这种不同的发展定位也为各自未来不同的发展模式奠定了基础。

乐视的商业模式是在网站上给用户提供内容点播，靠用户付费和插播广告赚钱。这种模式的成本除带宽之外，另一项关键成本是上游的内容价格。但是内容掌握在各类影视制作公司、版权公司等手里，价格水涨船高，这不算个好生意。与其他视频网站比如优酷、土豆等相比，乐视没有明显优势。

2008年，网络视频行业在高速发展的同时，突然爆发了两次"洗牌"，对行业的未来格局走向产生了不小的影响。第一次洗牌发生在2008年初。2007年12月29日，原国家广电总局和原信息产业部联合发布了《互联网视听节目服务管理规定》，确立了视频网站经营的牌照制度。随后，2008年3月20日下午，原国家广电总局公布了互联网视听节目服务抽查情况，土豆网等32家视频网站因内容违规遭到警告处罚，迅雷中国、猫扑视频等25家网站被责令停止视频节目服务。第二次洗牌发生在2008年底，席卷全球的金融危机加速了中国视频网站的第二次大洗牌。据报道，当年11月，400多家视频网站遭遇融资难题。为度过难关，土豆、六间房、爆米花、酷6、优酷等不少网站采取了裁员、缩小带宽等一系列措施，以缩减开支。

乐视充分利用了2010年在创业板上市的有利条件和战略前瞻，做了两件重要的事：

第一，在视频网站盗版泛滥的时候，依靠上市资金囤积了大量便宜的优质版权。国家打击盗版，其他视频网站因无力支付高额的版权费而大量倒闭，乐视不但自己运营很好还能赚版权分销的钱。

乐视网副董事长兼COO刘弘回忆，当时网络版权还没形成概念，加之互联网盗版泛滥，网络版权简直就是白菜价，"相当于白送的都有"。得益于乐视基因里的手机血脉，乐视在很多版权所有方对网络版权的分类尚处懵懂中时，就坚持将PC、手机和TV三个版权一起打包购买，这也为乐视之后的"一云多屏"战略奠定了坚实的物质基础。截至2011年12月31日，乐视拥有电影版权超过4 000

部，电视剧版权超过 70 000 集，且版权授权期限多为 3~7 年。对版权的前瞻，使得乐视 2011~2012 年的版权分销业务高速成长。这一年，乐视版权分销收入占主营业务收入近六成。

探究乐视网收购网络版权的初衷，除了贾跃亭的行业远见外，还隐含着最基本的商业逻辑——唯有正版才可进行合法销售。早在 2004 年，乐视网就开始为联通和电信提供 VOD 点播服务，这就要求乐视在版权上必须经得起考验。某种意义上，这段早期经历造就了乐视日后差异化的商业模式：成为视频网站中最早识别稳定付费用户群，并有能力持续提供服务的公司。也因此积累了两大重要资产：收费客户和收费模式。

表 4.1　乐视 2011 年业务营收　　　　　　　　　单位：人民币（元）

项目	本年金额	上年金额	比上年增长比例
主营业务收入	598 555 886.31	238 258 165.65	151.22%
（一）网络视频基础服务	484 093 403.58	158 027 885.88	206.33%
网络高清视频服务收入	121 215 861.22	104 150 701.57	16.39%
网络视频版权分销收入	356 160 105.75	53 022 116.62	571.72%
网络超清播放服务收入	6 717 436.61	855 067.69	685.6%

资料来源：乐视 2011 年财报

随后几年，乐视版权分销业务继续高速增长，但到一定阶段，乐视就不再把分销作为主要业务，因为它知道，如果把版权都分销给优酷、土豆等公司，分销完之后，自己也就无处安身了，所以它不断地圈用户，牢牢地把住了版权内容的价值评估，带动了版权收入的增速和广告业务的增长。

第二，乐视通过并购花儿影视，自建乐视影视、乐视体育、乐视音乐等内容资产，向产业链上游延伸，降低版权成本。

如果乐视只做版权分销，也许就会像中国其他许多公司那样，借助资源红利，分享完毕就结束了。不同的是，乐视非常有魄力地推动网站的发展。作为乐视海外标杆之一的Netflix[①]，已经证明了互联网视频服务商进军制作领域的优势。2012年，因乐视有大量内容，贾跃亭发现可以靠内容去推动用户，特别是当年的《甄嬛传》，以及2013年的几部大剧《男人帮》《青瓷》《金太郎的幸福生活》和《新编辑部的故事》等。

根据对乐视网访问量的精准分析，乐视从评估剧本到甄选演员、制作片花等，都展现出以用户为导向的核心原则，这样内容制作的精准度和成功率都大大提高，也更易获得广告商的青睐。例如，2013年乐视网的自制剧《女人帮·妞儿》第二季上线仅8天，累计播放量轻松突破1亿大关，单集平均播放量超过1 250万，成为行业标杆。

背靠大数据，乐视选取网络热点题材推出大量网络自制剧，保证乐视网的视频内容具备话题性和差异性，如《东北往事之黑道风云20年》《女人帮·妞儿》和《我怀了你的孩子》等。庞大的视频内容保证了公司客户量和营业收入的稳固增长。

有了用户增长，有了内容，乐视的广告业务就起量了。相对版权分销是一个纯B2B的业务，广告业务是需要运营的，站在B2C这个角度，它迅猛地成长起来。2012年度，乐视的品牌广告客户近300家，实现广告收入41934.78万元，比2011年同期增长267.60%，远超行业增长水平。

---

① Netflix：中译为奈飞公司，一家在线影片租赁提供商，出品过《纸牌屋》等。乐视将自身长视频网站业务解释为"Hulu+Netflix"模式。

表 4.2 乐视 2012 年业务营收　　　　　　　　　　单位：人民币（元）

项目	本年金额	上年金额	比去年增长
主营业务收入	1167307146.72	598555886.31	95.02%
（一）网络视频基础服务	745507844.33	484093403.58	54.02%
网络高清视频服务收入	152028804.64	121215861.22	25.42%
网络视频版权分销收入	555371498.88	356160105.75	55.93%
网络高清播放服务收入	38207540.81	6717436.61	468.78%
（二）视频平台增值服务	421699302.39	114462482.73	268.42%
视频平台广告发布收入	419347807.25	114076682.73	267.6%
软件开发收入	2351495.14	385800	509.51%
合计	1167307146.72	598555886.31	95.02%

资料来源：乐视 2012 年财报

与此同时，贾跃亭在各种场合，持续不断地给资本市场传递一个强烈的产业信号——乐视可以通过并购、引进、合作或吸引人才及团队加盟等方式，建立中国最好的内容库；乐视将从一家视频网站走向围绕内容资产的视频产业链一体化公司，彻底破除视频网站的商业模式缺陷。

对比同时期的优酷、土豆，2010 年 12 月 8 日，优酷网成功登陆纽交所，成为全球首家在美独立上市的视频网站；土豆网则于 2011 年 8 月 18 日登陆纳斯达克，但是优酷和土豆采用了 UGC 的发展模式，主要盈利模式是通过贴片广告。2011 年三家视频网站的收入构成对比如下：

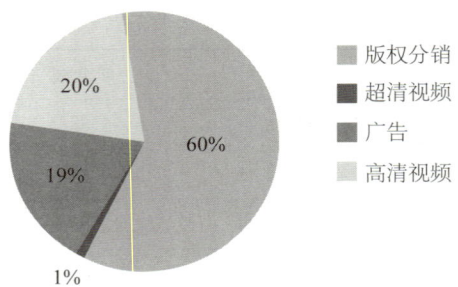

图 4.3　乐视网 2011 年收入构成

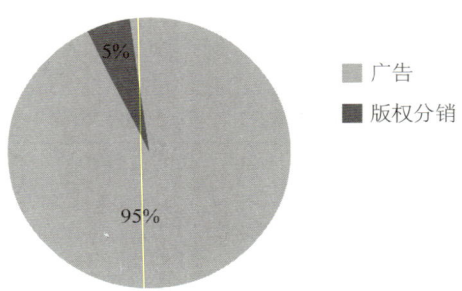

图 4.4　优酷网 2011 年收入构成

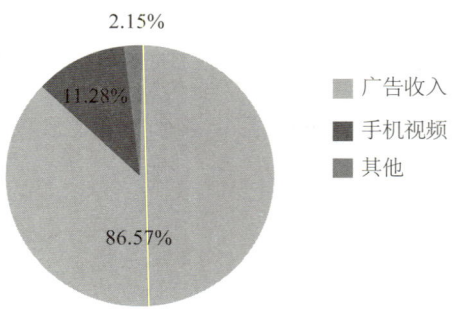

图 4.5　土豆网 2011 年收入构成

从 2011 年的收入构成看，优酷、土豆主要还是以广告收入为主，版权收入非常少。优酷土豆合并后，2013 年，广告业务占优酷土豆总营收 90%。其次是会员服务，占比 6.1%。优酷土豆对广告业务的依赖非常大。2013 年，优酷土豆内容支出成本 14 亿元，占总营收 47%。乐视和优酷土豆不同的成长基因，再加上战略眼光的高低，使得两者逐渐走上了截然不同的发展道路，资本市场也用自己的判断标准做出了选择。

乐视不断地围绕此战略进行了一系列产业布局，最终在收购花儿影视后，资本市场对其完成确认。2013 年，乐视市值从 50 亿元开始启动，一举以 300 亿元完成对优酷土豆（200 亿元人民币）的赶超，成为中国视频网站行业市值第一大公司。

关键战役之二：推出乐视盒子与乐视电视，抢占电视用户

之所以进军电视，原因有三个：

第一，广电网络是中国最大的网络之一，覆盖 2.4 亿户家庭，7 亿用户，可直达用户客厅，刚需、高频、强黏性，但人均用户贡献收入极低，月均 20 元/户/月。国外这一数字为 100 美元/户/月。乐视拥有内容，如能通过盒子或电视获得用户，向用户出售内容，人均消费金额提升空间巨大。

第二，客厅终端都是传统电视占领，但却只靠卖硬件赚钱，几乎完全没有互联网思维。

传统电视行业已经几十年没有大的改变，无法满足用户日益提升的智能生活需要；客厅作为家庭的智能中心，智能电视大屏将成为未来的趋势。而传统电视厂商没有意识到正在发生的用户需求转变，依然依靠卖硬件赚钱，靠硬件设备的更新换代来满足用户的需求。

新物种乐视

乐视重新定义了电视，让电视机不再是被动接受内容的机器，而是成为"电脑"，成为家庭娱乐中心和信息中心，用户体验更加完美。

第三，战略迂回，软硬一体化抢占视频网站用户。BAT 等互联网巨头拥有强大的流量优势，如果只在线上竞争，非常艰难且没有优势。推出电视后，乐视可以通过电视直达用户客厅。只要电视摆在那，乐视就可以和用户产生关系，就有可能让用户付费。

2012 年 9 月 18 日，乐视第一届董事会第四十九次会议审议通过了关于公司

图 4.6　乐视的七大生态

《进军电视机市场,推出自主品牌电视机的议案》,即乐视超级电视项目。

做电视的决策,在那个时候是需要一定胆识的。在第一阶段,乐视做的都是互联网公司做的事情,做电视是第一次真正切入硬件行业。

营销策略上,乐视学习小米,外包硬件,砍去中间销售环节,以几乎成本价推向市场,并集成乐视内容,出货量从 2013 年 30 万台,至 2014 年 150 万台,到 2015 年突破 300 万台。

超级电视得到了市场认可,预计 2016 年销量将达到 600 万台。乐视从一个视频网站的商业模式升级为一家集成客厅入口、线上 PC 端入口(5300 万独立用户)的互联网平台,初步形成了平台价值。

对于乐视的平台故事,资本市场欣喜若狂,仿佛找到了中国的 Netflix(3000 万付费用户,400 亿美元市值)。2014 年,乐视网市值直冲到 800 亿元左右,成为创业板绝对带头大哥,A 股互联网第一股。

关键战役之三:乐视正式推出全面平台化战略

2014 年底,随着贾跃亭回归,乐视正式推出全面平台化战略。

一方面,围绕着用户,不断通过应用和终端,打通消费场景。终端入口从电视、盒子延伸到手机、汽车,内容从影视扩展到体育、音乐等领域,同时在上市公司体系内、体系外孵化云计算、电商、大数据等互联网项目。

另一方面,贾跃亭打开利益结构,广泛吸纳各领域的顶级合伙人,在乐视手机、乐视汽车、乐视金融等多个重要产业布局,吸引强援加盟,呈现百花齐放的状态。

贾跃亭放言,他的公司不仅可以提供电影、娱乐、体育等内容,而且可以做手机、电视和汽车。内容本身和获得内容的体验令人神往,使得用户愿意使用乐视的硬件并付钱购买其内容服务，从而形成一个生态系统。

至此乐视的全生态系统浮出水面，在整个资本市场的追捧下，市值一骑绝尘突破 1000 亿直奔 1500 亿，成为仅次于 BAT 和京东的第五大互联网公司。

乐视财技之七种武器

对于乐视的估值，资本市场给出了很高的溢价。但乐视想做的业务实在太多，现金流一直是它的风险，而乐视的资金存量及再融资能力与 BAT 显然还不在一个档次：腾讯账面现金及存款高达 692 亿元；阿里发一次债券就募集 80 亿美元；百度声言往 O2O 砸 200 亿元另外又拿 30 亿美元回购股票；截至 2016 年 6 月 30 日，乐视网账面现金则只有 9.6 亿元。

乐视的多个业务都需要砸重资投入，而眼下的现金流，如果只做视频网站或许还能撑住一两年，其他就捉襟见肘。那它为什么能顶住？如贾跃亭的一个合伙人所说："山西人以经营票号闻名，而贾跃亭更是一个很敢玩钱的人。"

乐视以上市公司为平台，财技高超，玩出了很多花样，堪称 A 股融资百科全书。

体外资产并入上市公司

乐视网上市后，乐视将处于发展阶段的业务放在上市公司之外，并利用上市公司声誉给这些业务的融资做担保。业务成熟后，如果不能独立上市，就注入上市公司，提振上市公司市值，从而形成正循环。乐视影业就是典型案例。

乐视影业成立于 2011 年，是乐视网的兄弟公司，两者的最终控制人都是贾跃亭。2012 年，乐视影业出品或发行影片 6 部，票房收入 6.25 亿元；2013 年出品或发行影片 9 部,票房收入 10.5 亿元。到 2014 年末,乐视影业共出品与发行 28 部影片,票房收入约 40.7 亿元,包括《小时代》《老男孩》《熊出没》等高票房电影。2014 年和 2015 年,乐视影业营收分别为 7.65 亿元和 11.45 亿元,净利润分别为 0.64 亿元和 1.36 亿元,承诺 2016 年到 2018 年三年的净利润分别不低于 5.2 亿元、7.3 亿元和 10.4 亿元。

乐视影业的异军突起与优秀电影人的加盟密切相关:CEO 张昭,曾担任光线影业总裁,于 2011 年加盟乐视影业;2013 年 5 月,贾跃亭又找来张艺谋做艺术总监;随后,又签下了陆川;2015 年 4 月,徐克又"上了船"。一帮大咖凑在一起,当然希望做一家独立的上市公司,就像华谊、光线、博纳那样。CEO 张昭曾在不同场合表达过这种野心,但是由于种种原因,至少到目前未能成行。

乐视网于 2014 年 12 月 6 日发布公告称:接到控股股东承诺,拟在未来一年内的合适时机,以合理方式,启动将关联方乐视影业的投股权转让给上市公司。重组方案是:乐视网拟以 41.37 元/股发行 1.65 亿股,并支付现金 29.79 亿元,合计作价 98 亿元收购乐视控股等 44 名股东持有的乐视影业 100% 股权,交易对象包括张艺谋、郭敬明、孙红雷等多位明星;同时拟向不超过 5 名特定对象非公开发行股份,募集配套资金不超过 50 亿元,拟用于支付现金对价、补充流动资金及投拍电影和自制剧等。

资本市场给予热烈的响应,乐视网复牌后迎来涨停。此后的乐视"满血复活",股价在 2015 年 5 月中旬创下历史最高价(复权价超过 1000 元)。

从整个过程看,把乐视影业注入上市公司是一个次优选择。乐视网体系外的业务,比如乐视体育、乐视汽车等都有独立上市的想法。但是从资本的角度,如果不能独立上市,将优质资产注入上市公司也是一个可以接受的选择。

股东结构优化

乐视上市公司体系外的业务，比如乐视体育、乐视汽车等，大多采用了引入明星股东的方式来提升估值，而且通过贾跃亭的个人质押担保，给投资机构吃定心丸。反过来，在这些业务获得高额融资时，投资人给予上市公司估值正反馈，上市公司估值可以更高，而在市值更高的情况下，这个逻辑循环就可以一直持续下去。

例如，2016 年 4 月 12 日，乐视体育在京正式公布了 B 轮融资的细节：由海航领投，中泽文化联合领投，安星资产、中金前海、新湃资本、象舆行投资、中泰证券、体奥动力、中建投信托、中银粤财等 20 多家机构，以及孙红雷、刘涛、陈坤、霍思燕、杜江、周迅、贾乃亮、陈思诚、马苏、王宝强和陈晓等 10 多个明星个人投资者跟投。乐视体育方面表示，公司 B 轮融资共融得资金 80 亿元，公司估值已经高达 215 亿元。

乐视不仅引入了明星投资机构，并且将娱乐圈明星引入作为乐视股东，吸引了眼球，也拉升了估值。

报表优化

乐视网自上市以来，对其报表的质疑声不断，主要焦点是无形资产的摊销和研发支出的资产化，以及母子公司结算策略。

- **关于无形资产摊销**。乐视网无形资产大部分来自于版权，其折旧摊销方法与优酷土豆不同——乐视网采取的是直线摊销法，优酷土豆采取的是加速摊销法。前者比后者每年摊销的费用要少，而乐视的少摊销导致成本较低，而拉高盈利。

关于研发支出的资产化。研发分为研究阶段和开发阶段。研究阶段主要是研发的前期基础工作，开发阶段主要是将研究成果进行应用开发。研究阶段产生的费用只能计入当期损益，开发阶段必须要满足五个条件，才能将费用计入无形资产成本，其中一个条件是，要能够证明该无形资产在市场上有价值或者内部使用时有价值。

一般来说，一项研发活动只有到开发阶段后期，才能符合资本化条件。到符合资本化条件时，研发活动基本接近尾声，后续的支出很少。所以，企业研发资本化的比例一般都很小，很多高科技企业就直接将研发投入全部确认为研发费用，不进行资本化。

但是乐视网的研发资本化比例极高，近三年都超过 50%，2014 年和 2015 年接近 60%。

表 4.3 乐视网研发资本化情况（2013~2015 年）

乐视	2015 年	2014 年	2013 年
研发投入	12.24	8.05	3.73
研发资本化	7.31	4.82	2.02
资本化比例	59.79%	59.9%	54.17%

资料来源：乐视 2013~2015 年财报整理

关于母子公司结算策略。以乐视致新为例，乐视致新是上市公司控股的子公司，占股 58%。电视和盒子都是乐视致新做的。乐视致新 2015 年亏损 7 亿元，母公司只并表 58%。乐视的电视和盒子都采用低于成本价发售的方法，在 2015 年 9 月之前绑定了服务费，而服务费被直接计入乐视网的收入，没有和乐视致新分享。

以上质疑确实反映了乐视的一些报表策略。但我们只能说乐视利用了财务政策，在报表方面做法激进，不能判定其财务数字虚假。细看乐视报表，只要涉及会计估计或者会计政策选择方面，乐视都是竭力做大报表利润。

高位减持股票借给上市公司

该做法堪称独创，A股上市公司还没有类似操作先例。从资本角度看，无可厚非，上市公司大股东可以利用资本市场周期，在高位减持股票，在低位增持股票，完成资本吞吐。

2015年5月26日，宣布再融资75亿的同时，贾跃亭宣布将在六个月内减持1.48亿股。减持原因是"再融资资金到位尚需一段时间，为缓解公司资金压力、满足公司日常经营资金需求"。贾跃亭承诺将所获资金借给上市公司免息使用60个月。6月1日、6月3日，贾跃亭分两次减持3524万股，套现25亿元，减持均价为70.93元。以此推算，减持1.48亿股可套现约105亿元。

贾跃亭的减持引发极大争议，客观上挫伤了投资者信心，成为创业板乃至整个A股暴跌的导火索之一。7月9日，证监会严令上市公司大股东半年内不得减持。但乐视、创业板及大盘跌势没有马上逆转，8月27日，乐视一度跌至28.22元，较减持价格跌60%！原版减持计划搁浅，贾跃亭将二级市场减持变为场外转让：作价32亿向鑫根基金转让1亿股，所获款项免息借给上市公司（鑫根基金的有限合伙人是重庆战略性新兴产业基金、嘉实资本以及由乐视一致行动人组建的北京尚誉）。

"减持1.48亿股、套现105亿元计划"执行的最终结果是"减持1.35亿股、套现57亿元"，比原计划少48亿元。

股票质押融资

乐视网直接从公开融资拿到的钱不多，但贾跃亭的股票可以不断质押，质押之后拿出现金去填，只要其市值不断上涨，撬动的资源仍会不断提升。据Wind

（万得资讯）数据统计，2016年6月份以来，两市共有422家上市公司股权遭到质押，质押股数合为28.44亿股，参考市值约为2768.47亿元。不少上市公司的股权被股东们频繁"质押"，乐视也做了很多次的股票质押融资，充分地利用了质押、解冻、再质押等手段。

从2011年7月到2012年底，贾跃亭姐弟多次用所持乐视网股票质押融资，累计质押约25%股权，所获资金约为IPO募集金额的2倍（乐视网IPO募集6.8亿元）。

进入2013年，贾家姐弟的股票质押行动骤然频繁起来，从2013年2月8日到2014年7月3日这17个月间，贾跃亭、贾跃芳共进行了26次质押和11次解押，相当于每月操作两次以上。以2014年7月3日贾跃亭将2319万股质押给东方证券为例。质押前的7个交易日收盘均价约为45元，如质押率为40%，可按每股18元融资4.17亿元。截至2015年1月13日，贾跃亭名下78.01%股票被质押，占公司总股本的34.49%。

贾跃亭曾公开表态"股权质押是一个阶段性策略，不是长久之计，因为融资成本比较高"。但无论是运营还是投资，目前乐视的多个业务版块仍需要不断输血，股权质押还是成为乐视缓解资金压力的常规手段。2016年半年度报告显示，贾跃亭已质押股份占本人持股已超过八成，占公司总股本的32.12%。

质押作为乐视的常规融资手段，在银行信贷额度有限的情况下，起到了补充资金的作用。

表4.4 贾跃亭2016年持股情况

股东名称	持股比例	报告期持股数量	增减变动情况	质押股票数量	质押率
贾跃亭	36.45%	682844429		571093	83.63%

资料来源：乐视2016年半年度报告

关联交易和子版块分拆融资

乐视在贾跃亭掌舵下的虚虚实实之间，关联交易如影随形，也是常被质疑的方面。

2015年年报显示，本年按欠款方归集的年末余额前五名应收账款汇总金额约13.85亿元，占应收账款年末余额合计数的37.33%。

乐视网按欠款方归集的期末余额前五名的其他应收款情况一栏中，五个企业均为关联往来性质。其中，乐视网（天津）信息技术有限公司约15.9亿元，占其他应收款期末余额合计数的60.39%，且前五名公司占比达99.01%。

乐视旗下还处于跑马圈地的业务，比如乐视汽车、乐视云都不在上市公司体系内，独立融资，很好地减轻了上市公司盈利的压力。

表 4.5 乐视部分业务板块融资额最新统计

业务	融资金额	融资时间
乐视手机	5.3亿美元	2015年11月
乐视云	10亿元	2016年3月
乐视体育	80亿元	2016年4月
乐视汽车	10.8亿美元	2016年9月

资料来源：乐视公告＋资料整理

定增

这几年随着国企改革和企业间并购重组行为日益增多，定增市场活跃度相比前几年大幅增加，定向增发从简单再融资变为上市公司大股东资本运作的方式。根据定增目的，可将项目大致分为资本运作类（公司间资产置换、集团公司整体上市、壳资源重组、配套融资、融资收购其他资产、实际控制人资产注入）和项目融资类（项目融资、引入战略投资者）。其中，资本运作类一般来说预期盈利实现速度更快；项目融资类由于建设期问题，预期盈利实现速度整体会滞后于资本运作类。

2016年6月2日晚间，乐视网宣布，证监会已批准乐视网的定增方案。此次拟发行不超过1.55亿股新股，募集资金不超过48亿元，用于视频内容资源库建设项目、平台应用技术研发项目和品牌营销体系建设项目。乐视本次的定增属于项目融资类，根据乐视网此前发布的资金可行性报告，此次再融资的资金用途主要为视频内容源库建设项目，金额为40亿元，其中第一年花费为23亿元，第二年花费则为18亿元。此外，平台应用技术研发项目和品牌营销体系建设项目分别为4亿元。2015年年报显示，乐视网主要的营收来源为终端业务、广告业务、会员及发行业务和技术服务。48亿元募资到位后，乐视视频在版权内容积累和自制能力方面将大大增强，有利于公司在网络视频行业继续保持竞争优势。

除了以上融资方式外，乐视也做了一些对外投资，比如乐视以10.47亿港元再次购买酷派11%的股份，成为酷派第一大股东；乐视旗下的乐视致新以6.5港元/股的价格认购TCL多媒体新发行股份348850000股，成第二大股东，持股比例为20.1%；2016年7月，乐视在洛杉矶宣布以20亿美元收购美国电视厂商VIZIO，被业内认为是目前全球电视产业史上最大的收购计划，此收购将以全现金方式进行，预计交易将在6个月内完成。

乐视的资本运作，和A股其他上市公司不太一样，一般上市公司喜欢以并购方式切入一个新业务，再整合该新业务，成为上市公司业务的一部分，而乐视喜欢内生性的发育出新业务，新业务拆分单独融资，业务也更加多元化。这既是企业家贾跃亭，给乐视定位的互联网生态企业的一种独特的成长逻辑，也是在互联网产业赢者通吃（winner-take-all）的规则下试图完成产业突围，冲出封锁线的一种必然之选。

值得借鉴的是，乐视充分理解和利用了中国资本市场的属性和周期，以资本市场和产品市场双线作战的方式，有效推动了企业成长——以资本市场产生市值，以市值推动产业布局，以产品产生利润，兑现承诺，在资本市场进一步推动市值成长，循环往复。

在产融互动、产业与资本的良性循环过程中，乐视这家企业得到了最真实的成长。仅以乐视网为例，2012~2015年，乐视网营收年均复合增长率高达123.41%。整个乐视帝国的力量，早已今非昔比。

从乐视看产融互动的打法

产业和资本的关系，称为产融互动。良性的企业发展，是产业和资本的相生互动，是二者循环上升的过程，我们借乐视来探讨中国资本市场背景下的产融互动实践。

我们认为，上市公司的战略发展过程，实质上是产业发展曲线与市值增长曲线两条曲线相生互动的过程。

企业成长过程中会经历一波又一波的产业演进，构成一条又一条持续相接的产业发展曲线。每条产业发展曲线都是从零起步，随着企业的一步步增长，曲线越来越平缓，直到最后走向衰落。

持续成功的企业，是在前一轮增长走向衰退之前即开始布局下一轮的增长基础（产品、产业及其对应的资源与能力），待到前一轮增长乏力或衰退之时，新一轮增长已然接力，或蓄势待发，或步步为营。后一轮增长站在前一轮增长积累的资源和能力基础上，将走得更高更强，如此形成增长周期的接力。

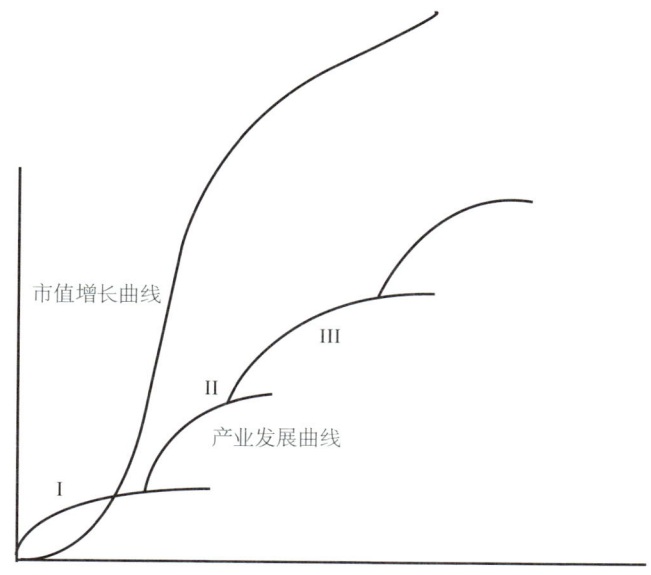

图 4.7　企业发展曲线图

与产业发展曲线相对应，市值增长曲线起初平缓，随着企业业绩不断得到验证，市值增长曲线开始逐渐变得陡峭，而且越来越陡，直至走向估值过度。而市值的陡升和高估，往往成为产业形成下一波制空力量和核打击能力的不二神器，包括资金、并购、平台能力、品牌、士气、人才、资源整合能力、风险承受能力等。

何谓产融互动？没有市值制空，往往走不出新一波的产业增长或者走得很艰苦。反之，没有产业第二波、第三波、第四波的反复验证，也无法维持市值曲线的陡峭增长和高估值，制空终将落空。持续成功的企业，应该是产业发展和市值增长两条曲线的不离不弃、相生互动、螺旋上升。

市值的意义在于：

- 市值影响融资成本、规模和速率，决定着公司对机会的覆盖面和对未来的投入量。

- 市值代表着股票作为支付手段时候的支付能力，在并购重组日益成为一种企业生存方式的今天，这一点决定企业生死存亡。
- 市值影响公司品牌、信誉等级、公信力、人才和资源感召力，从而间接影响公司经营，低市值可能导致公司被并购以及负面舆论风险。
- 高估值和高市值是企业的核心竞争优势，通过建立低点回购，股权激励，股东资产注入，高点融资，换股并购的一体化方案，可以最大化企业竞争力。
- 资本市场和产品市场有不同的玩法和规则，市值已经成为现代公司的一种生存方式和价值实现形态。
- 企业家在完成对产业的构想后，将重新梳理的企业战略价值有效传递到资本市场，建立与二级市场良性互动的生态。利用产融互动的螺旋式上升，完成并购和企业再融资等方案，一步步完成组织、人力和文化的变革与新生，落实企业顶层设计，进入资本和产业的下一个循环。

然而，现实中多数上市公司的实际情况是：产业曲线第一波走得很好，但是否能走出第二波、第三波，至今还看不清楚；相应地，市值曲线曾经走得非常好，但由于看不到未来的产业增长预期，资金开始撤离，曾经的高市值往往托不住。

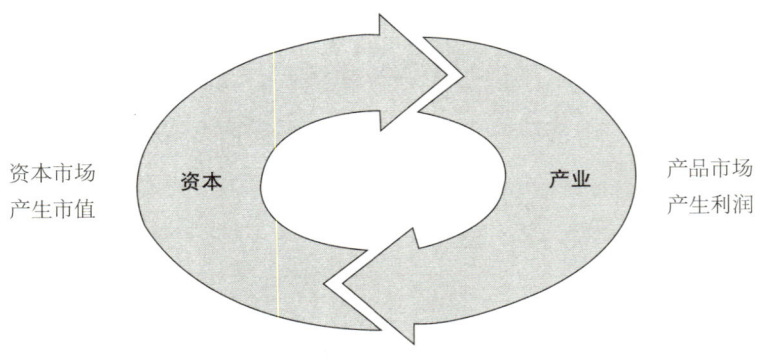

图 4.8　产业与资本一体循环

乐视实质上是利用了中国特殊资本市场下的产融互动来支持其产业发展。贾跃亭有一个宏大的战略构想，他将此构想以资本市场听得懂的方式传递给了投资人，投资人非常认可他的战略，给了乐视股票很高的估值。

贾跃亭利用高估值，通过股票质押、高位减持股票、定增等多种方式融资以及进行产业布局，并利用高市值吸引到行业精英人才，通过"资金＋人才"将战略构想落实，让资本市场看到了乐视在产业端的不断攻城略地，从而维持很高的估值。在产业端的不断发展中，将估值坐实，并继续给资本市场传递更大的战略构想，从而将乐视股票估值进一步提升。

乐视的产融互动还有一点比较特殊，乐视外延性的并购非常少，走的模式是：按照乐视的"平台＋内容＋终端＋应用"的生态逻辑，内生出很多产业，并单独融资发展，而乐视的并购更多的是对"人"的并购，"统战"相关行业的人才。

回顾乐视发展历程，总是有源源不断的杰出人士涌入。贾跃亭擅于以宏大愿景说服才俊加盟，而乐视股价的高估值也为吸引这些人才打下了良好的基础。

贾跃亭的策略是挖角这个行业的顶尖人才，给予这些顶尖人才最大程度的激励，夯实产业基础。在3~5年内落实战略构想。在产业构想渐次落实的过程中，不断发出更多的声音传递给资本市场，将乐视公司估值进一步提升，形成正向的产融循环。我们可以看到，乐视在各产业上的玩法如出一辙，基本都是通过提供"平台＋内容＋应用＋终端"的一体化服务来改造原有产业。

以上我们从产融互动角度对乐视的崛起做了解读，总结如下：

第一，乐视在产业上做了很多重要的事，率先产业谋局，形成乐视生态。

第二，乐视在资本上运用各种手法，财技娴熟精深，为其产业发展提供炮火子弹。

第三，乐视的产业雄心支撑了其在资本市场的高价，资本市场的高价又支持了产业的发展，形成了产融互动，而产融互动本身是一个互为因果的关系。

拓展阅读：

在国外，产融互动模式和国内的不太一样，国外产融互动的一种典型模式是在一个行业中深耕细作，在公司发展到一定阶段后，并购能够产生现金流的其他相关公司，通过精益管理或管理层改造等方式，把被并购公司的业绩做起来。业绩做起来以后，利用公司现金流以及财团杠杆继续做并购，并购对象仍然是有现金流的公司，继而持续上述过程。在不断并购过程中，公司越做越大。

这种产融互动的典型代表是巴西的 3G Capital。它从一个小啤酒厂起步，逐渐控制巴西的啤酒产业，然后控制南美、欧洲。2008 年，3G Capital 以 520 亿美元并购了美国最大的啤酒公司 Anheuser-Busch，控制了全球最大的啤酒公司 ABInbev，拥有了百威品牌；2010 年，3G Capital 又以 38 亿美元并购了汉堡王（Burger King）；2013 年，它与巴菲特合作，以 280 亿美元并购了全球番茄酱的第一品牌亨氏。其采用的策略是选有壁垒的行业，运用零预算管理的整合能力，改善经营效率，极大提升 EBITDA（现金流），利用财务力量增加经营杠杆，举债再完成蛇吞象。

3G capital 的成功给我们很多借鉴和启发：

（1）最重要的是投资人才，并发展出投资人才的一套方法论

从创业伊始，3G Capital 的核心人物雷曼就在人才方面特别用心，特别注意选才，打造人才。其选才的核心标准是 Poor，Smart，Desire，在入职之后完全凭能力和贡献定绩效，不讲究入职时间、学历、背景等因素，并建立起一套能力评价体系，最能干的 20% 可获得 70% 的奖金，并最终成为该公司股东。为了持续

保持人才的前进动力，雷曼不断设立一个又一个的梦想和目标，以使最优秀的人才可以留下来。除雷曼之外，3G Capital 的另外两位关键人物，就是雷曼早期创业过程中招来的小伙子，两个小伙子从打杂做起，一路爬升成为雷曼的合伙人，并且成为公司股东，与雷曼共同开创了 3G 资本的伟大事业。

在收购其他企业的过程中，这些往日的优秀人才和培养优秀人才的管理模式就成为提升公司效率的核心竞争力，其惯用模式是：收购一个管理层失去发展动力、经营效率低下的企业，董事会（由公司过往资深合伙人组成）负责总体决策，某个合伙人带领团队作为这家公司的核心管理团队进驻企业，此团队再选拔输入高绩效管理制度，招聘新人，逐渐重塑企业文化，开除和取代没有动力的老人，重新焕发企业生机。

（2）设立远大的梦想，永远保持前进的动力

雷曼认为：优秀的人才需要远大的目标，否则他们就会将其创意的能量投注于其他公司。在巴西三雄勾画事业蓝图的过程中，并不是所有优秀的人才都跟着他们一直走下去，有些人离开后也开创了很不错的事业。后来三巨头意识到，要让已经得到证明的人才留下来，很重要的一点是设立远大、艰巨和大胆的目标。他们认为："为了维持前进的动能并留住卓越人才而追寻远大的目标，是值得企业去承受的风险。"

（3）向最优秀的人士学习，营造共同学习的环境，活到老、学到老

雷曼在创立加伦蒂亚投行的时候，就向高盛学习合伙人制度；在收购洛加斯美洲（商业连锁）之后，遍访全球大型商业连锁企业，向沃尔玛学习；在探索永续经营企业方面，定期与这个领域的全球著名学者柯林斯沟通探讨；在吉列董事会上认识巴菲特后，在收购百威啤酒过程中巴菲特成为他们资金的重要合作方。雷曼不但积极地向这些行业顶尖人物学习，也乐于促进各界杰出人士之间的交

流，为所有人营造学习契机。雷曼找到的导师大都比他年轻，现在已经七十多岁的他仍然在到处寻找老师。

从 3G Capital 成功的要素看，重视设立梦想以及投资人才，这种人才为本的思想中外企业家都是一致的。产融互动，无论是产业层面的问题还是资本层面的问题，落到最后本质上都是人的问题。到最后，是否能把事情做成，比拼的是谁有能力把人才招入麾下，并让这些人才能够始终处于被"激发"的状态。

国内也有一些和 3G Capital 投资理念接近的机构，比如复星全球范围内收购保险资产，李嘉诚投资港口，就和 3G Capital 控制现金奶牛本质上一致。

富有中国特色的资本故事

乐视的资本运作是中国特殊的资本市场环境下，有中国特色的产融互动玩法，和国外典型的产融互动模式有所不同。这种模式对现金流的要求非常高，这也是乐视模式能否持续走下去的一个变数。

中国特色的资本市场红利

乐视的产融互动过程是典型的中国特色的产融互动，本质上利用了中国目前比较特殊的资本市场环境。中国的资本市场环境有以下几个特点：

• 上市审核制而不是注册制，上市公司平台有很强的融资功能，市值就是上市公司融资的弹药。

• A 股的投资者以散户为主，对投资题材非常有偏好。对于上市公司讲的故事，投资人如果认可就会直接反映在市值层面。

• 整体估值偏高。上市公司并购有市值优势。

这种中国特色的产融互动很大程度上取决于企业家的雄心壮志和资源整合能力，以及对资本市场周期和产业周期的理解，目前尚不是一个所有企业家都能借鉴的玩法。这种战略本质上是一种"以终为始"的打法，首先规划公司要到达的终点在哪，然后反推实现这一目标所需要的资源，再利用上市公司高估值，整合资源，最终将战略落实。

贾跃亭是造势者，擅长判断趋势。的确，大趋势不会因为一个企业而来，但一个优秀企业的作为绝对能把这一趋势加快，令趋势提前到来。乐视就一直喜欢担任这样的角色，这也正是乐视能够生存到今天最核心的要素，即乐视能够比较早地看到未来，并且快速行动，用较小的资源撬动大市场。

乐视每一个大的战略决策点都是这么过来的。比如做体育，三年前贾跃亭做体育战略决策的时候，高管大部分人反对做体育，说体育是一个重资本的行业，又是个全新的领域。现在回过头来看，体育产业里没有第二家公司能和乐视体育对标。曾有段时间乐视体育的融资非常疯狂，其实体现的就是战略前瞻性和超强执行力的价值。如果现在有公司再想发力做体育，花比乐视再多倍的钱可能都达不到乐视的效果。

这种玩法最大的凶险在于，如果上市公司遭遇突发事件，市值悬崖式下跌，就会带来连锁反应，甚至将整个企业拖垮。这种玩法本质上也是一种杠杆，运用之妙，存乎一心。中国商业史上，产融互动的失败案例最著名的是德隆，本质上也是借用其控制的上市公司平台筹资，投入到德隆认为可以改造的传统产业公司，利用德隆对产业整合的理解，提升传统产业公司的业绩，反馈到资本市场层面，赢得更高的估值，从而形成正向循环。从逻辑上看，这个思路非常好，但是在实施的过程中，德隆加了过多的杠杆，在市场环境发生变化、遭遇熊市时，其控制的上市公司平台股价一泻千里，引起连环反应，造成了整体陨落。

乐视的隐忧

（1）现金流的压力

2015年3月23日，乐视与北汽签订战略合作协议，意欲打造全新一代互联网智能汽车及汽车生态系统，并创立轻资产品牌。

2015年6月28日，酷派的一则公告显示，乐视网旗下公司以近21.9亿元入股酷派，占股18%，成为酷派第二大股东。

2015年9月9日，乐视宣布战略投资北京电庄科技有限公司，共同开展充电桩业务的拓展。

2015年末，TCL集团与乐视网达成战略合作：乐视网旗下控股子公司乐视致新以6.5港元每股的价格认购TCL多媒体新股3.49亿股，总计22.7亿港元。交易完成之后，乐视将持有20%的股份，成为TCL媒体的第二大股东。

2016年1月21日，乐视宣布正式进军印度，将在印度成立规模千人的产品研发中心。

这些，还只是乐视铸造的商业帝国之冰山一角。为了将乐视打造成为全球领先的网络视频传输平台，打造业内领先的"平台+内容+终端+应用"业务体系，乐视的扩张步伐显然还会继续。

乐视融资还有一个特点——都是贾跃亭在做担保。这是乐视上市公司的市值支撑了贾跃亭的身价，令其有能力为体外产业融资做担保。

举例说明，乐视汽车融资票面利率12%，贾跃亭提供无限责任连带担保：投资方可以在乐视汽车A轮融资时，将可转债以8折的价格折股，若是乐视汽车无法在18个月内进行A轮融资，投资人可以要求赎回；乐视体育股权融资，承诺3至5年上市，若无法上市，投资人可以要求乐视体育大股东贾跃亭，以年化收益率 8% 的价格赎回股权；乐视移动融资，预期利率 10.3% 至 11.3%，贾跃亭提供担保，年限 24 个月，乐视移动到期还款。

这些乐视的项目，单个拿出来看都没有什么问题，相当于可转债，做起来了拿股权，做不起来拿利息，风险很低，贾跃亭又是乐视老板，赔付肯定没有问题。但把乐视所有的融资项目拿在一起看，就会发现贾跃亭潜在背负的债务可能是个天文数字。

这也意味着乐视对市值的依赖非常大，一旦市值跌得厉害，一旦资本市场出现系统性风险，乐视整个业务可能就要面临系统性崩盘。但只要这个风险不崩，贾跃亭就能在各个业务线对骨干们说，我能给你输送弹药，你们干，干了之后这个市值溢价，不断地滚雪球。

（2）商业模式的可行性和持续性

贾跃亭称，在美国都没有找到和乐视一样的模式，"除了苹果具备一定的特征之外"，大多数企业还都是工业时代的打法。

乐视网 2016 年上半年净利润为 2.84 亿元，以生态一体化讲产业梦想与未来故事，乐视并不是简单地依靠销售硬件盈利，而是获得用户之后，通过内容收费和广告运营等盈利。

对于乐视电视，除了会员年费，电视广告的想象空间也十分巨大。电视的基本价值就是广告价值，其基础是电视媒体的公信力。跟视频网站相比，同等覆盖程度、同等时长的情况下，电视广告费用是视频网站广告的十几倍甚至数十倍。这是一座没有边界的金矿。

和 BAT 等互联网公司的业务延展逻辑不一样，乐视生态还缺乏一个有力的核心支撑点，这个点需要像搜索之于百度、电商之于阿里巴巴、社交之于腾讯，既为其他新业务提供起点，又能成为退路。

乐视网是乐视集团其他项目所需资金的直接或间接来源，但高比例的股票质押具有很大风险，一旦股价连续下挫，跌到平仓线，将会引发连锁反应，后果不堪设想。

乐视集团旗下的大部分业务正处于高投入阶段，短期之内无法盈利，很难迅速回笼资金还债。就像一辆高速行驶的列车，速度越快，风险越大，对运营能力的要求越高。

乐视生态战略的特殊性或许也仍需论证。小米也有平台，也有操作系统，有电子市场，有终端，也有应用，现在又以10亿元资金打造影视库。而在内容方面，很多竞争对手指责乐视的内容只有自己的内容，用户可选择性比较小。

（3）壁垒

乐视在各个产业链上其实都没有建立很高的壁垒。以内容产业为例，这是个需要捕获人心的产业，一旦用户的偏好发生变化，内容产业很可能会丧失优势。音乐、体育等也一样，只有先发优势，并不保证一定能做大做强。

这是一个最好的时代，也是一个最坏的时代。贾跃亭式的中国企业家，有雄才大略要干出一番伟大事业。乐视的崛起充分利用了中国资本市场特殊的历史环境，在互联网标的稀缺的背景下，描绘了一个很大的故事，并不断用资本的力量将故事变成现实。

对乐视而言，未来几年将异常关键：在资本市场讲的故事很多都已经到了兑现期，乐视终端的用户越来越多，能否把这些用户转为付费用户，进而推动各业务版图实现生态化反，形成贾跃亭描述的那个互联网生态企业，将是乐视市值能否进一步提升，从千亿到几千亿甚至到万亿的关键。

乐视的梦想够大、野心够大，执行力也不差。贾跃亭的方向感是对的，不然不会有这么多聪明的钱去投他。现在看来，乐视许多条业务线已有突破，其一个个构想能否最终落地，就看当事人的本事了。乐视的资本故事，未完待续。

第五章

争到最后,争的就是人才

2016年是乐视生态全球化元年，以中国香港为桥头堡，乐视逐步进入印度、北美以及俄罗斯和东欧市场。

4月，乐视北美总部宣布成立，总部大楼就位于硅谷核心圣何塞市北部，与苹果、Facebook以及三星等公司毗邻。显然，在美国的布局将成为乐视生态海外落地的主战区。

就在乐视北美总部成立的当天，乐视同时宣布，两位前三星核心高管转投乐视麾下，肖恩·威廉姆斯（Shawn Williams）加入乐视，担任乐视北美人力资源及行政高级副总裁，丹尼·鲍曼（Danny Bowman）任乐视北美移动终端事业群首席营收官。看来，乐视的"圈人运动"已先期启动，其逻辑与它在国内的手法如出一辙——人才定输赢，不惜一切代价，强势猎取各领域一把手。

此后，多位大咖相继加入，乐视在北美的人马迅速壮大起来。例如，原派拉蒙影业总裁亚当·古德曼（Adam Goodman）加盟，任乐视美国影视公司总裁。华为前高管任宏亮（Richard Ren）加入，负责海外设备业务，并兼任乐视北美业务总裁。全球知名物联网专家、前高通互动平台总裁罗博·钱德霍克（Rob Chandhok）入职，任乐视北美公司首席研发官。

贾跃亭展现了其一贯的行事作风与逻辑：每当开启新业务，第一件事就是找人。在最短的时间，找到最合适的人，以人为核心，迅速推动业务。

只要乐视不死，这些人的后面还会有一长串华丽的名单。乐视最近又挖到了哪些大咖，在某种意义上已成为业界津津乐道的一部连续剧。时至今日，即便对乐视模式有再多争议，必须正视的是，总有一批批的精英愿意加入乐视，其人才规格之高、数量之多是罕见的。人才的持续涌入，推动着乐视事业的不断往前。

乐视始终贯彻一种简单、明确而又本质性的经营哲学：产融互动＋基于人才的打法，就是不断地融资、融人，以此不断打开企业进一步发展的事业空间。其在人才猎取、人才协作、人才激励方面的考虑，有独到的深刻之处，值得借鉴。

始于人才战，终于人才战

生态型的战略布局需要生态型的人才布局。一个企业的战略从何处开始？从人的角度，战略从招聘开始。人才没准备到位，所有的战略部署都将成为一纸空文。

显然，乐视近几年的高速发展与其人才战略息息相关，而且乐视是在换跑道的过程中换掉了基因，在奔跑中调整姿态。

观察贾跃亭的左膀右臂——乐视影业CEO张昭来自光线传媒，曾创立光线影业；乐视视频总裁高飞是原酷6网副总编辑；乐视超级电视负责人梁军曾为联想高管；乐视手机负责人冯幸同样来自联想，曾任联想集团副总裁，等等，不难发现，他们中无一人是乐视创始团队成员，均在2011年后加入乐视——换句话说，他们均在乐视网 A 股上市后加入——现在，他们分别掌舵乐视版图中最为倚仗的几个生态事业群。

要知道，2010 年 8 月，乐视网成功在国内 A 股上市时，曾遭到行业内的一片质疑。当时流量排名，乐视网全球排名 1132，中国排名 125；优酷全球排名 51，中国排名第 10；土豆全球第 70，中国排名 12。

而现在，乐视已经不再是当年的那个乐视网。乐视的生态战略、生态化反，展现了极大的企图心和野心，其人才战略的进取性、进攻性也显得杀气腾腾。

贾跃亭深谙"一把手决定成败"、"Leader 定生死"的道理，"对一个人、一个团队最大的影响往往来自这个团队的负责人，他才是一个组织环境、文化核心决策的决定因素；他才是决定一个团队状态、员工敬业的最核心影响要素。一个部门换一个领导，同样一批员工，做出的成绩可能截然相反。Leader 定生死！"贾跃亭如是说。

结果的确如此。以乐视影业为例，2011 年，乐视影业正式成立，原光线影业总裁张昭担任乐视影业 CEO。此前，乐视娱乐（乐视影业的前身）仅仅投资拍摄了几部电影。在张昭的带领下，不到一年，2012 年乐视影业就跻身"五大民营电影公司"，创造了业界瞩目的"乐视加速度"。此后，乐视影业持续增长，在乐视内容生态中扮演着重要角色。

实际上，大多数人都无法忽视乐视影业的存在，只是许多人并未将一些影视剧与乐视的手笔、张昭的作为联系在一起：《归来》《小时代》《熊出没》《敢死队 3》《老男孩之猛龙过江》《九层妖塔》《甄嬛传》《芈月传》《太子妃升职记》《亲爱的翻译官》《好先生》……截至 2015 年底，乐视影业在过去四年一共发行了 34 部影片，创造总票房超 60 亿元。

2016 年 2 月，张昭成为乐视影视互联事业群总裁，分管电影、自制剧以及会员业务,而乐视影业也即将注入上市公司乐视网,作价98亿元。

乐视超级电视的崛起与影业的故事类似。乐视从成立之初就有做电视的想法,但直到2012年1月,随着联想前高管梁军的加入,理想才逐渐照进现实。2013年5月,乐视推出超级电视。这一年,乐视网的营业收入突破20亿元,其中,终端业务占近1/3。随后两年,超级电视继续狂奔。根据中怡康发布的数据,2016年4月,超级电视在中国彩电整体市场的占有率超过1/5,成为全行业、全渠道双料冠军,其市场存量在今年底很可能达到1000万台。梁军的职位也从最初的乐视TV总经理变身为智能终端全球产研供总裁。

某种意义上,基于人才的打法已成为乐视版图扩张中一个强硬而有效的逻辑基础,并不断得到验证。

如果说企业家心中要挂三幅图:业务版图、组织版图、人才版图,那基于人才的打法想要强调的就是,如果只能三选一,那就挂人才版图吧。

不再是业务版图决定人才版图,人才跟着业务走,而是反过来——业务跟着人才走,有什么人就发展什么业务,人才版图决定业务版图——不是因岗配人,而是因人设事。

就像乐视集团人力资源副总裁蒋晓琳所说:"我们现在是先让对的人上车,组织和资源随之进行相应匹配。像谷歌的HR,一年内有80%的时间都投入在寻找优秀的人才上。"

在乐视看来,"曾经,因人设岗被认为是很不专业的管理方法。对于组织来说,要先有战略,有组织,再去找人。但这样的人力资源战略在这个互联网时代,就变得非常滞后。""现在,乐视就是要先去获取优秀的人才,之后再根据我们的战略、组织、资源进行人才的相应匹配,做一些资源的倾斜。"蒋晓琳解释。

这一逻辑跟传统的人力资源管理模式有很大的不同,它似乎意味着:在这个创新的时代，以战略为中心匹配资源的模式正在被调整为以人才或人才团队为中心匹配资源的模式。

而我们也要注意到，在战略、组织、人才三者谁先谁后这个问题上，很难有绝对意义上的判断，经常是互为因果的关系，很难分得清到底是先有战略意图再有人才，还是先找到了人，再启发了战略构想。

这背后的考验是：一方面，企业家要有相对清晰的战略方向，要在很大程度上坚持"事为先，人为重"，避免用人时常有的那种"人才收藏"、养门客的倾向，遇到优秀的人，生怕错过，"捡到篮里都是菜"，最后经济账却划不来；另一方面，又要有相对的开放度和容错空间，因为开展任何新业务都要面对——只有试错，才能试对。

换言之，基于人才的打法是一门拿捏分寸的艺术，它要求企业家既要足够清醒，也要足够灵活。对具体情境的具体把握，考验着企业家的用人智慧。

我们仔细梳理贾跃亭的思维逻辑发现，他始终坚持着自上而下、一以贯之的思维逻辑，要做的事与事之间往往有极强的因果关系和目标一致性。或许对公众，这位经常在发布会上流泪、自嗨的山西男人很能忽悠，但他的许多讲话却严谨得像在做一道一道的证明题，其逻辑是一层一层地打下来的，严丝合缝。以2014年3月贾跃亭在乐视内部总监大会上的演讲（节选）为例，能感受到他思维的缜密性。

各位同学：

今年，我们总监大会的主题是：生态决胜未来，协同产生聚变。

围绕这个主题，我们齐聚这里，充分探讨并理解我们为何要做产业链垂直整合的乐视生态，如何更好地通过生态协同，发挥聚变效应。

下面，我来通过四个问题，让大家更好地理解公司战略，也希望每位总监能够充分领会，贯彻到全员。

第一，乐视生态的本质是什么？为什么我们要做生态？

第二，乐视生态要垂直整合哪些领域？

第三，为什么生态协同关乎乐视生死？

第四，为什么需要生态型组织？

无怪乎乐视视频总裁高飞谈到，贾跃亭是个逻辑思维能力很强的人，"有时候你做很久的准备，打算去说服他，但是后来会发现被带到他的逻辑里"。

在思考乐视的人力资源管理这件事上，贾跃亭也十分清楚：生态型战略需要生态型人才，生态型战略也需要生态型组织，只有生态型组织才能支撑生态战略的落地、生态人才的发展，而生态型人才的发展也需要生态型激励的催化。

2015年11月18日，乐视全体员工收到一封名为《全员激励计划正式启动》的邮件，这意味着传闻已久的乐视全员股权激励计划终于付诸实施。贾跃亭在这一年年初公布，要在今年实现全员持股，将非上市板块拿出一半的股权分给全体员工。赶在年底之前，贾跃亭践行了自己的诺言。在某种意义上，这也使得乐视成为国内对员工最慷慨的互联网公司。

也就是说，在贾跃亭的思维逻辑中，生态型战略、生态型组织、生态型人才、生态型激励，本就是同一件事情的四个方面，是一个板凳的四条腿，它们相互强化，互补相乘，才能形成合力，产生整体性效果，以确保乐视"生态化反"的最终实现。按照贾跃亭的说法就是："无生态，不超级；无化反，不生态；无合伙，不化反。"

但是做企业必然要面对的一大难题就是知易行难。能不能想完整是一码事，能不能做得到是另一码事。所有的"生态化反"实际上都在考验贾跃亭的能力边界。业务上的跨界越多，对企业家的格局及跨界思维能力、跨界管理能力的考验就越大。所幸的是，贾跃亭尚能在多个业务条线之间游走平衡。这是他的本事。

有意思的是，言必称"颠覆"的贾跃亭在考量高管的实际业务能力方面却一点也不颠覆。乐视在生态布局过程中，引入了相当多的传统产业人士。贾跃亭对此的解释是，生态型模式是用互联网作为一个基石去变革传统产业，而传统产业当中也有很多精华的部分是互联网公司不具备的，所以传统人才对乐视生态非常重要。换言之，这考虑的是能力的嫁接性，贾跃亭是把人才在传统产业积累下的能力嫁接到新兴业务上。

与此同时，贾跃亭在"疑人不用，用人不疑"这个方面显得决绝，敢于重用新人，放手让高潜人才在乐视独立子生态公司中担任要职。1981年出生的雷振剑，2011年2月加入乐视，2014年3月创办乐视体育并担任CEO，一年后又创办乐视音乐并担任董事长。2014年8月，央视体育频道知名主持人、《足球之夜》《天下足球》制片人刘建宏离职加入乐视体育。正是雷振剑先找到刘建宏。

雷振剑谈到，他从贾跃亭身上学到的重要管理方法之一，就是做任何事的第一步要先找人，找到最合适的人，然后搭建起最合理的组织。作为公司的最高决策者，在这个过程中，将负责协助整个团队，影响团队成员尽快进入到工作状态中。

由此可见，基于人才的打法，已不再是贾跃亭个人一贯的行事逻辑，也影响了乐视的其他高管，甚至成了整个组织的一种管理方法论。

2015年1月28日，乐视宣布前联想集团副总裁冯幸加盟，担任乐视智能移动总裁。和他一同亮相的是一个堪称"任性"的团队：原魅族副总裁马麟担任UI研发副总裁；原联想集团联通业务总经理董志升担任销售副总裁；原小米营销/

创意部门负责人杨大伟担任市场营销总经理；原联想集团运营管理总监崔战良担任运营管理总经理。2015 年 4 月，乐视推出超级手机。一年后，销量突破 1000 万台，成为手机行业最快破千万的新晋品牌。

当我们把这种人才打法的逻辑叠加在产融互动、国内资本市场属性的维度上，将能在更大层面上得到一种解释：不断融资、融人，本身就是乐视的一种明确的打法——融资是为了业务，融人也是为了业务；兑现业务承诺是为了进一步的融资；融资是为了融人，而融人也就是为了融资。

乐视总是在开疆拓土，顶着巨大的质疑和嘲笑。耐人寻味的是，它总有能力办到。起码是在尚可接受的范围内，让投资人还愿意相信：再给它一些时间。

这也许就是属于乐视的人才故事：是人才成就了事业，也是事业成就了人。刘建宏在刚加入乐视体育时谈道："因为现在毕竟我还是在一个成长期，而且是一个高速成长期，这有点像春天的竹笋一样。可以在山里如果说晚上听见竹笋生长发出的声音，我现在在乐视体育就是这样的感觉。"可以感受到创业与成长带给这位前央视名嘴的兴奋。

两年后，刘建宏在接受媒体采访时说起，"到目前为止，我们没有偏离乐视体育当初的设计方案。"几个月之后，2016 年 9 月 12 日，乐视体育宣布，原李宁公司 CEO 张志勇已正式加盟乐视体育，出任总裁，向雷振剑汇报。同日，乐视体育内容中心升级为媒体事业部，原首席内容官刘建宏担任联席总裁，分管媒体事业部。

一个人的成长来自于他必须面对的挑战和甘愿承担的责任。此刻的刘建宏已不是当年的刘建宏了，雷振剑也不是当年的雷振剑，张昭也不是当年那个张昭，高飞更不是当年那个高飞。

最根本的，乐视不再是当年那个乐视，贾跃亭也不再是当年那个贾跃亭。

"离经叛道"的人聚在了一起

为什么这么多大咖愿意加入乐视？是为了实现梦想。援引马斯洛的需求层次理论，他们是为了追求自我实现。

当我们拿放大镜近距离观察这每个人的梦想，我们发现一个共同点：互联网时代，他们都是在老产业中有新想法的人，是既有规则下的"离经叛道者"。

就像刘建宏感受到的那样，互联网不光带来了信息流的快速高效传播，也带来了低成本制作节目的模式。此前在制作《足球之夜》时，刘建宏要带领将近百人的团队才能完成一期节目的录制，而在互联网时代，这一切发生了改变。刘建宏亲身感受到一些视频网站和门户网站进行节目录制时的简单快速和低成本运作。

刘建宏谈道："我总觉得这跟元末明初一样，造反者到处都是，到处都是揭竿而起的人，你也说不清楚现在是个什么情况。但是，这一年确实声势浩大。"

仔细梳理每位大咖跟贾跃亭的过往，我们发现了几点有意思的现象：

第一，他们跟贾跃亭认识的时间都不怎么长，甚至此前完全不熟悉，既不是亲戚、同学，也非旧友。大家不在同一个圈子，也没有太多交集，甚至没有熟人介绍。由此更可以倒推出乐视人才战略的进取性。

例如，冯幸是在 2014 年的一天突然接到一个陌生电话，对方介绍自己是贾跃亭。在与贾跃亭面谈两小时后，冯幸决定重回手机"战场"。外界曾猜测，早先加入乐视的梁军也曾是联想高管，曾负责联想智能手机产品开发，跟冯是前同事，或为冯、贾见面的"中间人"。冯幸对此笑称：事实与传闻完全是两码事，直到自己加盟乐视之后，梁军还拍着自己肩膀"抱怨"为何不提前给老同事打个招呼。

再如，乐视影业曾以最快的速度签下著名导演张艺谋。2013年5月28日，乐视影业CEO张昭召开发布会，宣布张艺谋将以艺术总监身份加盟乐视影业。事实上，张艺谋和张昭正式认识只有两个月。"我们来来回回，真的只谈了几次。"张昭说："心里就大致清楚对方是什么人了。"

第二，这些乐视生态事业群的负责人，此前还不仅仅是公司高管，他们大多都有内部创业经验。也就是说，他们都曾开创过新局面，是事业部的领军人或子公司的创始CEO。他们的强项是在创新，而非守成。可贵的是，他们既有从0到1的本事，又有把业务从小带大的能耐。简言之，他们是有企业家基因的高管。这点相当关键，也可以说是贾跃亭用人眼光的准狠之处。

例如，张昭2006年创立光线影业，任职总裁5年，一手缔造了光线在国内独一无二的阵地发行模式。早在加盟乐视之前，张昭在影视业就以野蛮、创新著称。

再如，乐视超级汽车联合创始人丁磊，在汽车行业有23年从业经验（1988~2011），加入乐视前担任上海浦东新区副区长。在2005年起任上海通用汽车总经理之后的六年，丁磊创造了上海通用历史上的"黄金六年"，实现了"体系竞争力"的再造。他离开上海通用时，上海通用从市场营销到产品开发，再到采购、物流、质量、制造、销售、售后服务，包括整个财务系统、信息系统、质量系统等在内的核心价值链，都已经非常强大。

第三，他们对新时代、新玩法仍然心怀憧憬，尽管已不再年轻。他们没有陷入四五十岁的职场人常见的那种职业倦怠，仍有赤子之心，爱折腾，对现状不满。从而选择在一个新的环境下，没有任何历史包袱地再次上路。

他们加入乐视时几乎都已年过40。刘建宏当时46岁，张昭快50岁了，丁磊50多岁了。用网络上戏谑的语言，他们都是熟男、大叔级别的人，这一次，"老炮儿"返场。

"我现在每天都坚持锻炼,"冯幸说道,"我是带着强烈的传统基因到了一个互联网公司来重新执掌手机业务,到了我这把年纪,更有强烈的紧迫感和责任心,我每天都在反思,每天都在学习,每天都在接受思维的冲击和转变。"

"我决定退出光线影业时压力很大。我已经快50岁了,在中国这已经接近退休年龄,在这里鼓励的是年轻人去创业,而不是老人,"如张昭所说,"互联网正在推动传统电影产业进行革新,不能再等了。"

关于张昭

张昭毕业于复旦大学,20世纪90年代初赴美留学,获纽约大学电影制作硕士学位。回国后从事影视工作,2006年创办光线影业并任总裁。2006年至2010年,光线影业出品并发行了20余部商业电影,连续四年保持了100%的增长速度。

2011年,年近50岁的张昭选择加盟乐视。他和贾跃亭都认定,"一旦互联网和任何产业发生结合,都将催生模式截然不同的服务业"。2012年4月,乐视影业提出做"互联网时代下的电影公司",倡导"一定三导"的O2O模式——第一个步骤是定位,通过各种手段把潜在消费者找出来。通常,他们都隐藏在互联网的各个垂直部落里。之后,再通过导航、导流和导购,把消费者吸引到电影院。

2015年,BAT都成立了电影公司。张昭认为电影行业将从"有限货架时代"进入"无限货架时代"。在过去,电影类似零售行业,货架有限,很多影片都无法和观众见面。互联网化之后,观众将有无穷选择。

2015年底,乐视将电影、网络自制剧和会员业务进行整合,提出"互联网生态＋影视"。乐视认为，全视频（电影、电视剧、网络剧、动漫等）加多终端，将催生出各种场景，并对应不同类型用户。针对不同用户，乐视可以提供各种服务，如影视衍生、送餐服务、服装定制、在线购物等。

关于刘建宏

2014年8月，刘建宏加盟乐视体育，担任首席内容官。此前，他在央视干了18年。从主持人到制片人，从一人单干到管理一两百人，刘建宏不断进阶。

不过，在新媒体的冲击下，刘建宏感觉力不从心，"之前我们做节目，几乎可以第一时间捕捉到赛场上的所有信息，而最近这两三年却只能跟在网络的后面，去捕捉那些第二、第三落点的信息""我们拖着那么重的身子在这种快节奏中与互联网的小、快、灵竞争，基本占不到什么便宜"。

他试图改变，不过，由于种种原因，收效甚微。2012年，他成为乐视盒子用户。第二年，又买了超级电视。体验之后，感受到了乐视的力量，"我把超级电视弄回家以后一用，就看到传统电视的危机了，它确实把传统电视逼到死胡同里了，让我一下子意识到这个东西一定是有未来的"。此外，乐视的多终端覆盖，也能满足他对内容传播的设想——播出平台不同，内容传播方式也不同。

在与雷振剑和贾跃亭沟通后，刘建宏决定加入乐视体育，开启人生的"下半场"。"今年，他46岁，正是职业生涯的黄金年龄，从现在开始，他将和乐视体育的团队一起努力，开创属于乐视体育的大场面，再度在乐视体育实现新的梦想！"雷振剑说。

加盟后，刘建宏伴随乐视体育一路狂奔，不断成长，职责也越来越大。

2016年9月，刘建宏变身为乐视体育联席总裁，不但负责体育媒体事业部（原内容中心），还负责彩票事业部和票务事业部。

关于梁军

梁军是联想的老兵，1995年加入联想集团，先后担任服务器事业部总经理、智能手机产品开发副总裁等职。加入乐视，是他人生中的第一次跳槽。

梁军是一个不安分的人，虽然一直做硬件，但"非常渴望有朝一日有机会能够了解了解互联网公司到底是怎么干的"。在和贾跃亭见面当天，他买了一台乐视盒子。尽管当时觉得盒子还很"原始"，但互联网和电视结合后可能发生的化学反应，让他兴奋得一晚上没睡着。"2011年的时候，乐视在整个内容的布局上是全网内容版权最丰富的，几乎具备了垄断性的内容版权。而当你拥有版权的时候，能做的事情非常多。原来在联想内部做分析的时候，也觉得需要有内容支撑才能让硬件产品长上翅膀飞起来"。

在与贾跃亭第二次见面后，梁军确定加盟，前后用了3个月。梁军自称"互联网大龄青年"，已经适应了互联网的节奏，"我们一个季度当一年使，一个礼拜工作六天，然后每天晚上9点之前回家算早的"。

在梁军的带领下，超级电视发展迅猛。这个不安分的人，在乐视找到了一片乐土。2012年加盟时，他担任乐视网副总裁兼乐视TV总经理。2014年，担任乐视智能终端事业群COO。2016年，担任智能终端全球产研供总裁。

关于冯幸

加入乐视前，冯幸在联想工作了20年。从一名工程师成长为统领联想中国手机业务的集团副总裁。在其带领下，联想仅用了三年时间，于2013年成为中国市场第二、全球市场第三的智能手机厂商。但2014年他却陷入迷茫:"从1000万台到4000万台再到6000万台,出货量每年数字几何变换的背后,如何带来利润和品牌的同步增长,如何更有效地向互联网转型?"

冯幸认为,因为产品高度同质化,以联想为代表的老牌手机企业已经遭遇了增长瓶颈。想在硬件层面做创新,但是,大量核心技术并不在手机厂商手中。产品上想不出办法,就往模式上想。但是,"对着小米,照葫芦画瓢的事情全做了,但却没有明显效果"。模式上没有突破,就只能打价格战。冯幸坦称:"往下该怎么做,我确实没有想出好方法来。"

2014年4月,冯幸调任联想云服务集团,负责虚拟运营商业务。调任不久,他第一次见到了贾跃亭,在和贾面谈两小时后,他被乐视的生态理念打动,决定重返手机战场,在乐视打造手机的"第三极"——既不做传统制造派,也不做互联网营销派,而是打造一个移动互联网生态系统,成为生态派。

关于丁磊

丁磊在汽车行业工作了23年,曾任上汽通用总经理。此后,弃商从政,任上海浦东新区副区长。2015年7月,丁磊辞去副区长一职。在解释离职原因时,丁磊表示,自己还是想做汽车人,而不是政治家。

丁磊表示,在中国,很多人都有和他一样的情怀——要做一款中国自主打造,并且能够烙入自己梦想的汽车。但是,这个梦想在原有体系中很难实现。如果自己创业,又很难拥有像李书福那样的机会——那个野蛮生长的时代已经过去了。

在贾跃亭和他沟通时,两人逐渐达成了共识:汽车的未来就是电动化、智能化、互联网化和社会化(汽车共享)。对于造车,乐视是认真的,而且,乐视急需一个来自传统汽车行业的领军者。因此,丁磊决定加入乐视,一起"造梦"。

当贾跃亭宣布由他担任乐视超级汽车联合创始人、全球副董事长、中国及亚太区 CEO 时,丁磊说:"感谢贾跃亭先生的邀请,我非常高兴能够加盟乐视,和贾先生合作来共同打造互联网时代的汽车生态。用我们的努力来推动人类社会的交通向环保、高效、智能、快乐的自由王国迈进,这是我多年的梦想,也是一个汽车人的终极使命。"

关于阿木

事实上,不只是子生态的掌舵人,乐视职能部门负责人的身上同样有企业家精神与使命感。

阿不力克木·阿不力米提(人们习惯称他为阿木)2014 年底加入乐视,担任乐视控股战略副总裁,负责乐视生态战略规划和落地。此前,他在咨询公司罗兰贝格工作了 8 年,任企业管理执行总监。2014 年,乐视要做生态战略下的组织再造,找到了罗兰贝格,阿木是项目负责人。项目结束后,他下了一个结论:这是一家非常前瞻的企业,应该成为员工而不是顾问。"这是一个愿意为未来坚持到底的企业,这是一个让每个有这样精神和追求的人都能找到平台的地方。why not?你不能再做乙方了,出招但是不知道最后结果。OK,那就投身到这个事业本身去。"

在与我们的交流中,阿木还表达了身为 80 后的危机感:"对于 80 后来讲,2015 年到 2025 年是一个非常难得的历史机遇。政府要进行深刻的改革,同时,商业世界也会进行一次巨大的升级。如果捕捉住了,事业就有了新起点。如果脱离了,到 2025 年,你的竞争对手将是 95 后。你 PK 不过他,因为 95 后在 5 岁的时候已经是互联网时代了。他生来就是这样的人，假如在这 10 年中，你没有参与、变成这样的人，你会被年轻人杀死，杀得体无完肤，都不知道什么原因——他任何想法都是自然形成，而你要刻意思考，这是非常危险的。因此，你一定要参与这个历史进程，那就要找最前沿的平台，即使在短期内，这个平台还有很多问题，还有很多坑要去趟。"

梦想和使命感是硬币的一面，激励与分享机制是另一面。

按照赫茨伯格的双因素理论，引起人们工作动机的因素主要有两个：一是激励因素，二是保健因素。只有激励因素才能够给人们带来满意感，而保健因素只能消除人们的不满，但不会带来满意感。具体到薪酬这件事上就是：基础工资应属于保健因素，即没有它不行，只有它不够；业绩分享则属激励因素，跟工作的挑战性与成就感密切相关。

双因素理论可称为一种客观规律，但在一个具体的组织中，同时也受到社会思潮的影响，人们更看重的是主观感受，即企业家到底愿不愿意分享，够不够大气？

或许，每个企业家都要自我提醒的是，站在员工的立场上——你不分享，我不分担。

曾有一次媒体采访贾跃亭，问及为何能吸引如此多业内精英齐聚乐视？贾跃亭回答："可以毫不夸张地说，乐视团队的稳定性应该是全行业最好的。流失率非常非常低。如何吸引他们和保持激情，第一是理想和愿景一致，乐视的企业文化是梦想、创新、协同、分享，高管团队虽然来自不同的背景、不同的行业，但是大家来到乐视，拥有共同的价值观。第二是收益上能够合理分配，我本人更喜欢把股权分配给大家，而不是给财务投资者。我们任何一个岗位上的人，持股比例都远远高于竞争对手在同一个岗位的人。"

我们了解到,在乐视各个子生态,团队会享有30%的股权,这是相当可观的数字。此外,2015年11月,乐视开始推行全员激励计划:乐视控股(全球)拿出了原始总股本的50%。员工只要加入公司并转正后即可获得激励授予,激励分四年生效,每一年生效25%。实际生效比例与个人业绩挂钩,强化激励的业绩导向。同时,未来业绩优秀者可有机会获得追加授予。而且,本次股权激励,员工基本不需要出资购买。

面对这样的人才主张,或许每个企业都需要反思,你有没有让人才变成你的创业伙伴?如果没有,他很可能会成为你的对手。

值得注意的是,乐视在人才猎取方面似乎能兼顾某种悖论:一方面,姿势很刚猛,雷霆手段,完全是进取性人力资源管理,甚至显得来势汹汹、杀气腾腾。例如,如何进行人才搜寻?乐视的做法简单而直接,"把全球到中国最牛的公司列出来,通过猎头从上往下谈就可以了"。另一方面,姿态又很柔软。例如,乐视人力资源副总裁蒋晓琳甚至很排斥"挖人"这样的用词,不认同"乐视很擅长挖人"的观点。"我们不认为是我们挖的,更贴切的说法应该是乐视生态吸引业内精英大咖加盟"。蒋晓琳如是说。

蒋晓琳认为,对于加入乐视的传统行业的"大牛"而言,乐视的生态型组织打消了他们的后顾之忧。乐视生态型组织有三个能力:包容性、抗异化、自我进化。在这样的组织机制下,在这样一块人才的土壤下,对于这些成熟行业进来的人,对他们有非常好的信任、尊重,可给予他们相应的资源。

选足够正确的跑道,找足够正确的人,给足够多的空间,配足够多的弹药,用足够多的激励,赋予对方重要感,这也许就是有这么多大咖选择加入乐视的重要原因。

生态型战略更需生态型组织

人才吸引、人才获取只是人力资源管理的入口工作，能不能把人才用好，让英雄真正有用武之地，则更为关键。如果没有合适的组织机制，人才将无处安放。

许多乐视高管都跟贾跃亭有一样的口头禅，"战略决定组织，组织决定成败"。实际上，提起乐视，就不得不提它的组织形态。很多人都很好奇，这个有着纷繁业务的企业是如何运转的。2014 年起，乐视开始对组织结构进行调整，希望打造生态型组织。那么，乐视所说的生态型组织到底长什么样？和传统组织相比，有什么异同？

目前，乐视采取的组织模式是"管理型组织 + 项目型组织"。前者属于常规组织，后者属于临时组织，在项目结束后，通常会解散。

就像英特尔的传奇 CEO 格鲁夫所谈到的，"我们可以把组织分成两个极端的类型：完全的'任务导向'或完全的'功能导向'。但事实上，大部分组织是在这两种极端之间。""好的经营管理，是在应对市场与发挥组织最大力量间求得最佳组合。""我们希望在两个极端之间取得平衡。但如何取得这种方案也经常让经理人们伤透脑筋。"

乐视的组织逻辑与之类似，"管理型组织"类似于"功能导向"，"项目型组织"类似于"任务导向"，它只能在这两者之间寻找某种最佳方案。因为对任何一个上了规模的企业的组织管理，能否使企业真的成为一个组织，形成组织起来的力量，都是极为困难的。好的组织管理总是中央集权与地方分权间的折中产物。

许多企业家和管理者谈到组织建设问题时，总希望谋求到某种完美的组织秩序，甚至组织美感。但这几乎完全是不可能的。实际上，就我们调研企业的经验来看，许多旺盛生长的中国民营企业，其内部管理一团混乱，甚至极为糟糕。但那也没什么大不了，只要市场空间还在，企业家的心还没死，各事业头人还野心勃勃想把事情干成，企业就一定能冲破混乱，迎接下一个艳阳天。

也许，再过几十年，当我们的市场竞争格局真的既定下来，留存下来的几家著名大企业按部就班地过上了日复一日的安稳日子，这些大企业的企业家和管理者们可能还会怀念起现在的青春时光。就像我们感慨"国外好山好水好无聊，国内好脏好乱好热闹"。从哲学的角度，只有矛盾才能带来发展，矛盾贯穿于事物发展过程的始终。

我们可以想象，贾跃亭及其高管团队一定承受着巨大的组织管理压力，因为生态战略每多加一个生态，多加一个维度，其引发的管理压力都会传导给组织，其难度也在"升维"。而与此同时，既有的业务条线、组织管理还需要不断地打补丁，以实现重点项目的重点关注及必要的管理协调。

从这个意义上，"管理型组织＋项目型组织"只是乐视组织管理的基础配置，这中间需要各层级、维度的管理者付出艰辛的努力，做大量关于人的工作。

贾跃亭谈生态型组织

过去，我们虽然在做生态型的业务，组织结构却是专业化分工的，这导致各块业务链条上的同学对乐视生态只是管中窥豹，且不说是否具有协同意识，单纯从操作层面就不具备可行性。当然，还有更加不能容忍的山头主义，办公室政治，部门墙等现象，这些都是严重影响我们前进的桎梏。因此，我们必须进行彻底的组织变革，打造与生态型业务相匹配的生态型组织。

生态型组织是什么样？大家没见过，我也没见过，但是我们要像开创生态型业务一样，创新组织结构。谁说一个公司的组织架构只能是一种？谁说一定要按层级汇报？我们要打破固有的对组织架构的认识，让组织架构来适应我们的乐视生态。

我们将建立两套并行的组织架构：管理型组织架构与项目型组织架构。

管理型组织架构：我们要做到扁平化，交叉管理。扁平化，顾名思义，我们要尽量减少汇报层级，让沟通更顺畅，决策路径更短，从而大大提高效率。交叉管理，意味着我们每一个人，未来不再是只有一个领导，工作的职责也不再是只有一条业务线。一方面，业务间因为汇报关系而形成的隐形壁垒将被打破，协同更加容易；另一方面，对员工的个人成长来说，将由单一的专业性人才发展成为一专多能的复合型人才。

项目型组织架构：我们要做到网格化，结果导向。网格化，模糊上下级界限，使得全体员工在庞大的组织体系中，快速寻找到需要支持和协同的人员，进行高效运作，有助于打破层级，赋予基层员工权力，从而大大推动各项目的协同能力。结果导向，体现了我们言必信、行必果的一贯原则。

在座各位都是部门或者事业部的管理者，大家必须充分意识到，打造生态型组织，是一场巨大的运营变革，难度不言而喻。如果我们内部组织不变革，就无法支撑持续颠覆和创新。我希望，每一位管理者及其团队，都能在心理上和行动上充分做好准备。

乐视将创新组织理论，颠覆从自我开始，每一位管理者都必须改变自己，不断提升协同能力、管理能力、统筹能力和学习能力。

关于管理型组织

在与我们的交流中，乐视控股人力资源副总裁蒋晓琳介绍了管理型组织的四个维度。

第一个维度是乐视的七大子生态，包括互联网及云生态、内容生态、大屏生态等。

第二个维度是公共业务和公共职能。公共业务包括产研供、EUI、大数据等。公共职能包括战略、人力资源、财务等。之所以叫"公共"，是因为它集中了公共资源，会为多个生态提供支持。例如，"产研供"负责所有智能终端的产品研发和供应链管理。EUI是乐视基于安卓打造的UI系统，它不仅应用在超级电视，还应用在超级手机和超级汽车。因此，乐视声称自己的智能终端拥有同一个大脑、同一个神经中枢。

第三个维度是二级组织。每个子生态都有二级组织，它是由公共业务和公共职能派驻的。一方面，二级组织要确保公共资源被打通，协助子生态发展。另一方面，也要确保公共业务和公共职能的目标能在子生态落地。例如，手机生态有一个二级组织负责社会化传播。如果超级手机要开发布会，它会帮助超级手机做传播。同时，还要考虑在这个过程中如何宣传其他子生态，让手机生态和其产生"化学反应"。二级组织是双向汇报，既向业务负责人汇报，也要向平台负责人汇报。在很多企业中，平台和业务部门通常一强一弱，要么平台强、业务部门弱。在这种关系下，平台有很强的管控能力，业务部门更偏向执行。要么平台弱、业务部门强——平台主要提供支持，业务部门则独立奔跑。而乐视的打法是，平台和业务部门都要强大。事业群或垂直业务需要跑起来，同时，还要服从大的生态战略，不能因为局部利益牺牲整体利益。二级组织就是要实现这个目的。可以说，乐视所说的蒙眼狂奔，是牵着绳子的蒙眼狂奔。

第四个维度是区域。除了中国，乐视还进入了美国、印度、俄罗斯等国家或地区。

表 5.1 乐视管理型组织的四个维度

四个维度	具体内容
乐视的七大子生态	包括互联网及云生态、内容生态、大屏生态等。
公共业务和公共职能	公共业务包括产研供、EUI、大数据等。公共职能包括战略、人力资源、财务等。
二级组织	每个子生态都有二级组织，它是由公共业务和公共职能派驻的。一方面，二级组织会确保公共资源被打通，协助子生态发展。另一方面，也要确保公共业务和公共职能的目标能在子生态落地。
区域	除了中国，乐视还进入了美国、印度、俄罗斯等国家或地区。

关于项目型组织

项目型组织相对更好理解，如果某件事儿放到管理型组织，协调成本太高，就将相关人员抽调出来成立项目组。和管理型组织相比，项目型组织更加灵活，"不仅拆掉了部门墙，还拆掉了楼板"。例如，在一个项目中，项目负责人是总监级的，他不但可以调用其他部门的总监或员工，还可以调用高级副总裁。

项目型组织分为战略型项目和非战略型项目，每个项目都有立项、评估、进度推进和结项这四个关键步骤，其成员均来自管理型组织。在不同项目中，每个人的角色都有差异，每个人会同时被多个项目"复用"。项目结束后，通过项目总结，沉淀项目的知识和经验。如果某个项目的运作进入常态化，则内化到管理型组织。

贾跃亭认为项目型组织是"完全的网络化"，它打破了按业务线划分的事业部概念，"只是这个项目来牵引着所有的和这个项目相关的人进入同一个组织当中"。

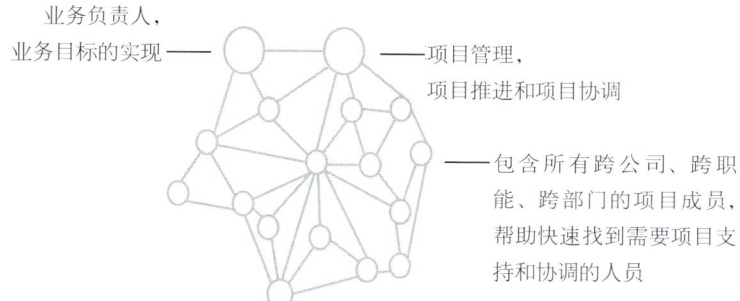

图 5.1 乐视的项目型组织模型

显然，项目有大有小。为了做好重点项目，乐视还成立了 PMO（Project Management Office，战略项目部）来协助项目负责人。我们熟知的超级手机发布会、乐视 420 "无破界，不生态"发布会、919 乐迷节等，都属于重点项目。

在 PMO，有两种工作机制——PM 和 PO。PM 负责执行和推进，比如按时间线将工作层层分解，然后落实、推动，PO 则负责业务方向的判断。

成立 PMO 的建议，是乐视云计算公司 CEO 吴亚洲提出的，提出后，马上得到了贾跃亭的认可。"事实上在我提出这个问题之后和思考这个问题之前，他（贾跃亭）就已经站在全局上思考很久了。"吴亚洲说。

2016 年，乐视的重点项目有两三百个，都需要 PMO 的参与。目前，PMO 已经近百人。对以 PMO 为代表的组织创新，贾跃亭很引以为傲，"在各个组织之间，如何让看似不同产业、不同能力的人在一起密切协同，打破部门墙，打破山头主义，这是传统产业很难做到的一点。很多企业需要一个'大牛'，就放弃另外一个'大牛'，但是乐视生态当中，解决了这种对立问题"，贾跃亭如是说。

组织升维与管理挑战

在组织层面，乐视的挑战是什么？乐视人力资源总经理马成功的答案是"升维"。在他看来，生态业务很可能会迎来爆炸式增长。目前，业务的成长是线性的，在未来，可能是指数级的。如果组织还是线性增长，可能无法支撑业务。因此，组织管理需要"升维"，跳出传统的管理逻辑。

例如，2015 年 1 月乐视开始做线下体验店乐 Par。乐视自己不开店，全部是和第三方合作，但推动起来很难。因为乐视硬件的价格并不高，又不允许终端提价，店铺很难赚到钱。为了解决这个问题，乐视做了创新——把店主变成股东。只要业绩达到预期，可以获得乐视生态股票（在将来，乐视生态会整体上市）。

另外，乐视内部有很多创投机会，乐视已经做了遴选，店主可以优先投资。在这种模式下，乐 Par 发展迅猛，一年时间开了 3000 多家店，卖了 70 多万台电视。

"这就叫升维，在二维层面上很难解决。"马成功说。

基于人才的"协同化反"

由于生态战略，乐视的组织管理势必面临更大的挑战。因为最重要的还不是生态布局，生态布局只是第一步，关键是能不能实现生态化反。

这种生态化反最终要依靠人与人之间的化学反应。彼此信任、融合、碰撞、激发，才能拧成一股绳，攥成一个拳头，形成"整体远超部分之和"的生态效应。为此，乐视的组织管理决不能止于分层、分类、分部门、分维度，决不能只把人安放在组织的各个隔间。"分"相对是容易的，难的是"合"。还要以文化为牵引，以制度为保障，让各个业务版块、组织隔间的人们能相互走动，经常串门儿。

"生态协同,对于乐视生态的成败至关重要,生态成,则乐视成;生态衰,则乐视衰;生态亡,则乐视亡。协同高效,才能产能聚变效应,协同不利,则陷入内耗,甚至导致生态坍塌。生态协同的成功与否,关乎生死。"贾跃亭如是说。

乐视的生态型人才来自各个领域,有的来自互联网行业,有的来自传统行业。不过,所有人都需要穿越一道关卡——如何理解乐视的生态思想,并且顺利融入进去。马成功在做入职辅导时,会提醒高管,这是一个有 12 年历史的公司,虽然还在创业,但已经有很多固定的套路。进来后,一定要先了解"生态",了解它的玩法。先在本职工作中证明自己,然后,再把自己的构想往里面拉,"而不是一开始就让乐视跟着你来走"。

在 2016 年 2 月 28 日的乐视生态之夜上,贾跃亭首次正式提出乐视的狮狼文化。这一隐喻也是希望团队之间能更好地融合。此前在讨论用哪种动物代表乐视时,有人提议老虎,被贾跃亭否决了,因为老虎通常是独行侠,乐视就是要摒弃传统所谓"一山不容二虎"的弊病。最终,乐视选用了狮狼——这两种动物都很强悍,又喜欢团队作战。

贾跃亭表示:"2016 年,我们要组建一支狮狼团队。要逐梦全球,需要我们每一个 leader 都要像百兽之王狮子一样的领袖能力,还需要拥有狼群一样的精神。自然界中,狮子和狼是很难共存、融为一个团队的。但乐视生态恰恰要挑战自己,而不是像传统企业那样去选择简单的道路。在很多传统企业和互联网企业中,很难容忍在一个领域中存在两个'大牛',尤其是两个能力相近的'大牛',成为所谓的'一山不容二虎'。我们希望在乐视生态这种全球独有的四维组织中,能打破这种现状,每一个生态、子业务线都能同时拥有好几头狮子带领群狼突破传统。这需要每一个 leader 用宽广的胸怀包容更多的人,同时能容纳其他的狮子一起前进,能够真正成为一个全球化组织,真正让全球顶尖人才无缝地融入到我们的团队中。"

除了文化，乐视还希望通过机制设计促进协同。事实上，尽管我们强调文化的先导作用，企业家无可回避地要下决心、下功夫思考使命、愿景、价值观。这怎么强调都不过分。但在现实组织情境下，组织机制、管理制度、激励政策之于文化的影响就像是作用力与反作用力，有时候是文化影响制度，有时候是制度形成文化。

按照贾跃亭的说法："生态型组织就如同人身体的几个重要部分，目标是脑袋，决定方向；工作机制是心脏，决定运转；考核\激励，以及文化\价值观是双手，决定平衡；扁平化和网格化是双脚，支撑起未来。"

组织机制方面。蒋晓琳向我们介绍："乐视的核心竞争力就是协同化反。管理型组织和项目型组织并存，打破了人与人之间、部门与部门之间、生态与生态之间的界限。让很多人为了共同目标汇聚在一起，屏蔽了山头主义等问题。"

正是在这样的组织机制下，可以实现跨职能、跨部门、跨生态的协同，每个人也有不同的晋升机会。蒋晓琳以某次车展同事为例：这位来自传统汽车媒体的小伙伴，以前参加车展只聚焦在车的领域，但在乐视有七大子生态展示日，他就能了解体育、互联网金融、汽车等业务。车展是汽车行业的事情，但七大子生态全面联动，确保了公司战略级的项目能有效地达成，让每一个员工在项目过程中能接触到别的生态的实质业务与内容，大家能够协同在一起，这就是乐视打造的组织机制的魅力。

蒋晓琳指出，为匹配生态型组织，乐视也打造了生态型的职级体系。传统的职级体系是双通道：要么走技术路线，做专家；要么走管理路线，成为管理者。但乐视的创新已经从二维上升到三维，还有一条生态路线，即在乐视七大生态中，任何一个乐视员工都可以接触到内容生态、互联网生态、体育生态……这样一种跨组织、跨职能的工作经历会打造出特殊的生态型人才，这是在行业人才市场上很难能够在同一段职业生涯中经历的。

"在行业内，很多人离职的时候，就会说遭遇了天花板，已经碰到了我职业的瓶颈，所以要换工作。但是在乐视，不会出现这样的情况，就是因为我们极具创新性的战略，特殊的组织，以及人才的培养机制，给予人才无限的可能。"蒋晓琳认为，"乐视的生态职级体系，其目的就是为了打造在行业内不可被竞争、不可被复制的生态型人才，因为乐视横跨的七大产业给予了人才无限的可能。"

管理制度方面。乐视设有独特的"两会制度"：一个是总裁会，一个是跨生态协调会。

总裁会在每周一早上举行，七个子生态的高层聚在一起，共同探讨重大议题。蒋晓琳介绍："总裁会是最重要的学习场所之一。每周一，所有生态的高管都会聚在一起开会。来自于不同行业的领军人物坐在一起，在别的公司很难想象，汽车行业、金融行业、媒体行业、互联网行业，大家怎么能用同一个频道，同一个语言聊一个战略，聊一个事情呢？但在乐视协同化反的DNA（基因）基础上实现了。"

跨生态协调会则在周日下午，又被称为"星期天会议"，主要针对重大项目的落地。这项管理制度在2013年新增，每个星期天，乐视旗下各个业务板块的副总级别高管一共20多人，在宏城鑫泰17层与贾跃亭一起开会，几乎雷打不动。"坐到一起讨论一个产品的细节，这在其他任何公司都是很少见的。"贾跃亭曾这样说。

激励机制方面。为了促进生态协同，乐视的员工是双重持股——既有子生态的股权，也有乐视控股，即整体生态的股权。在兑现时，两者取其高。通过这种机制，乐视希望员工能为所在组织负责，同时，还愿意合作、共助，不因局部利益而牺牲整体。

贾跃亭指出："我们建立的全球合伙人制，所有的人股权激励都是两层甚至三层。第一，你所在的业务线，你拥有你的股份。第二，你会拥有乐视网的上市公司股份。第三，你会拥有未来整个非上市公司的整体的股权。这就意味着每个人都是持有两到三种股权。对我的VP们来讲更简单了，比如张昭，既有乐视影业的股权，同时他又是未来乐视全球合伙人当中的重要合伙人，所以，他是持有两种股权的。这意味着什么？他既能够获得在电影公司的收益，同时乐视生态的成功带给他的收益要比乐视影业更大。"

由于乐视生态追求的是一个开放的闭环生态系统，各环节要形成一个首尾相接的链条，任何一个环节断裂，都有可能导致生态的坍塌，任何一个环节出现问题，都势必影响其他板块的运转，可以说是"一荣俱荣，一损俱损"，双重持股就十分必要了。

贾跃亭在一次接受媒体采访时谈道，"各大业务板块之间利益发生冲突的时候，需要权衡短期利益和长期利益，以及选择放弃或牺牲谁的利益。因为每个阶段都会有不同的总的战略诉求，每个总的战略诉求下都会细分到各大子生态当中，子生态当中到底哪个需要牺牲部分利益。比如做电视的时候，就得牺牲乐视网的利益，乐视网会有巨大的资源导给电视生态，捆绑收入乐视网只分两成，八成都给了电视公司。如果是两家公司的话，可能做到吗？比如TCL和爱奇艺，首先在利益上永远达不成一致，不会说为了共同的利益，爱奇艺你的用户量比较多，先牺牲你三年利益，第四、第五年再考量你的利益，不可能。爱奇艺也会说，你的硬件比较厉害，先牺牲你的利益，你每卖一台电视给我200元的内容费吧，这种利益很难平衡。但在乐视的制度设计之下，业务板块之间可以完成这样的牺牲和合作。"

但所有的组织机制、管理制度、激励政策，最终都是为了形成一种文化、一种氛围。尽管文化对人的影响是潜移默化的，非强相关，但这种影响却无时不有、无处不在。

乐视人力资源总经理马成功认为，做创新最关键的不是方法，而是创造一个场域，让不同背景的人在一起聊一件事情，自然会有新东西出来。总裁会也好，跨生态协调会也好，都是场域。乐视希望通过这种形式让不同领域的人碰撞，从而产生化学反应。

乐视 = 贾跃亭？

到今天为止，提起乐视就马上想起贾跃亭，提起贾跃亭就想起乐视，在多大程度上，乐视就等同于贾跃亭？乐视是不是贾跃亭一个人的？

这个问题很不好回答，因为创始人总要扮演公司的象征性符号，这一逻辑同样适用于乔布斯与苹果。在公众眼中，贾跃亭始终以强硬、决绝、革命的硬汉形象示人，像极了孤胆英雄。他认为乐视的精神就是"自我颠覆、蒙眼狂奔"，有媒体称他为"堂吉诃德·贾"。

但每个人都有不同的面向，身体中都住着许多个亚自我，况且自我认知与他人观感也总有出入。当我们仔细梳理他人对贾跃亭的看法时，很明显感受到了这种矛盾性。

有人说他很内向、克制，即便在最值得举杯相庆时，也能冷静处之。2013年5月7日超级电视发布会结束后，贾跃亭没有带着高层庆祝一下，一行二三十人在五棵松体育馆附近的一家酒店吃了晚饭就结束了。

但是在一众高管在场的庆生酒会上，同样是这个贾跃亭，点了姜育恒的《跟往事干杯》，临走时又唱了一遍《北京，北京》——这是汪峰所有歌曲中他最喜欢的一首，也是每次 KTV 的压轴曲目。这个形象跟他在乐视年会上唱《野子》是一致的。

有人说他很懂得经营关系，有人说他很"宅"。乐视超级电视负责人梁军评价，"外头人看贾总这个人和我们坐在公司里跟他互动，事实上还是有很大不同点的。""实际上他每天都泡在公司里，第一是工作狂，第二是对产品痴迷的研究。"

"你们要去他办公室能看到，我们所有的新产品在他办公室摆得满满的，他只要坐在办公室，不是去研究什么新玩意儿，就是拿着遥控器，拿着手机，去摆弄我们所有的新产品，发现问题马上打电话说，把工程师叫上来，要跟他探讨一下，他有一半的时间是跟工程师一块研究产品。"冯军说，"他把 90% 的时间坐在办公室，他几乎没有什么社交。""他朋友是多，但是他会朋友基本上都是晚上 9 点以后。"

有人说他就会"讲故事"、瞎忽悠，也有人反映说这位老板特别"抓细节"。就像前央视名嘴刘建宏谈到的，贾跃亭精力充沛、事无巨细的风格令其记忆深刻："具体到，'香港的演播室你们定了吗'，能问到很细致的问题。宏观上也能够告诉你接下来要做什么，蓝图也能给你画出来。"

看上去，这是位既懂得"管大事"、指方向，又会"管小事"，确保方案落地的企业家。

有人说他很专断、霸道。例如，一位乐视前员工对《财经》记者表示："贾的集权，追求的不是效率，而是控制。哪怕影响效率，也会优先考虑控制。"

乐视高层投票表决超级汽车项目时，十几个核心高层在座，结果"99% 的人都投了反对票"，只有贾跃亭与助理两个人赞成。反对的原因在于，无论是资金还是经验，乐视都毫无优势，如果失败了，超级汽车很有可能会拖垮整个乐视控股甚至上市公司。

贾跃亭说："只有被 99% 的人嘲笑过的梦想，才有资格谈那 1% 的成功。"

一意孤行与富有远见之间似乎只有一步之遥，谁又能说得清呢？

当年乐视决定是否做超级电视时，场景类似，团队并没有达成完全一致意见，包括高飞在内的高层都表示反对，"看不到我们做这件事儿的一点优势"。但最后贾跃亭力排众议。高飞事后评价自己"性格过于保守"，总觉着做一件事情要有个成功的理由或者条件，而贾做事情有时候就凭着一个想法和战略就冲上去了，反而还能成。

高飞回忆说，在压力最大的时候，贾跃亭没有向同事打鸡血。"就是闷头做，今天把鸿海搞定，明天把夏普搞定，让我们一步步觉着这件事真的有戏，等真做出来的时候，那种兴奋劲儿比多少次讲话都管用"，一次次仗打下来，高飞对贾跃亭的认可度越来越高。

"所有产品都是我先做，等他们看到信心时，再交给他们。"贾跃亭说。

或许正因如此，即便那些批判乐视是"一家以发布会为驱动的科技公司"的人，也多少要承认，乐视还是蛮有执行力的。

某互联网高管评价：乐视是一个战略极其不清晰（大家看不懂，看懂的也不信），但是战术极强的公司……其实有时候铜锣湾的地盘就是一条街一条街砍出来的……俺们有些 PM（项目经理），谈战略比董事会还有眼界，做计划一做做一年条理清晰，但是你让他"3 个月在这条街砍出来 5% 的份额"，他就瞎了，既不知道怎么干，也不会干……

不过，2016 年 9 月，一篇名为《亚马逊的 VP 去了乐视几个月后离职又回到亚马逊，然后写了这篇文章》的文章在网络上疯传。一时间引发热议，把乐视的战略单一和思想单一的风险推到了风口浪尖。

作者在文中谈到，自己无法忍受公司的文化作风，包括"微信里的意淫"、"发布会现场的惶恐"、"高管会议里的叹息"，等等，尤其提及"原来微信朋友圈可以是这样的"——

A. 转发 Funder 的 Post——而且连标点符号都不带改的。

B. "夜已经很深了，时钟都敲过了两下，可办公室里还是灯光通明，Team 里的小伙伴们还在为了伟大的理想而拼搏，加油，我爱你们！！"

C/D/E/F/G。请参照 A/B，然后没有了……

在向老板解释自己的辞职原因时，作者回答：

"因为我想按自己的意愿去玩微信，因为我不想违背自己的价值观去混碗饭吃。

作为一个卑微的个体，我们没必要强迫自己去做堂吉坷（编者注：应为"诃"）德式的英雄，幻想着以蚍蜉之力改变自己周围的整个环境。在此我无法给你什么建议，但是如果你想问什么是我的个人选择，那我会毫不犹豫地说：最起码有一样东西我是绝不会妥协的：

我要有自我和带着尊严地活着，而无须出卖和扭曲自己的价值观……其他的，没有了。"

公允地说，对任何一家上了规模的企业，出现这类离职员工抱怨事件，某种意义上几乎是无可避免的，就像曾经的《联想不是家》《华为你将被谁抛弃》。况且作者在文中多处语焉不详，情况到底有多严重，情况到底有多恶劣，很难推断，考虑到每个人接触的层面也不一样，事实真相如何，几乎是无从考证的。

但另一方面，此文一出，也无可回避地向外界暴露出乐视的一些管理问题。

再一次，不同的人、不同的视角，给出的回答也是不一致的。只有把各方信息汇总起来，才有可能拼凑出一个更完整的答案。

2014年11月，据《财经》杂志报道——一位乐视的总监告诉《财经》记者："所有的决策权都在贾跃亭手中，副总裁扮演的更多是执行角色。作为总监，我们唯一有效的签名就是在自己的快递单上。"

2015年4月，据《中国企业家》报道——子公司负责人的繁忙似乎一定程度上解放了贾跃亭。贾笑言去年底回到公司之后，最大收获就是"不用再签字了"。出国之前，无论哪个子公司业务都需要他把关，简单而言，就是需要他每天在各种文件上签字，但经过这半年的折腾，一亿以上项目都不需要他签字。

文中尤其谈到像张昭、冯幸、雷振剑等业务版块高管有很大的自主决策权：

> 乐视体育虽然是乐视网控股60%的子公司，但作为乐视体育CEO，雷振剑有非常大决策权，小到一场发布会，大到公司发展战略，"他都可以说了算"。
>
> "每次见到雷振剑，他都很焦虑，"上述人士告诉记者，"这种焦虑不是一般职业经理人所有的，有一次他边走路边想事情，结果一头撞到了玻璃门上，把眼镜都撞碎了"，上述人士告诉记者。

许多乐视高管都谈到，贾跃亭的学习能力很强。"其实他是技术出身，刚开始也不懂互联网"，高飞说，"今天跟你聊，你发现他对这方面还不了解，过几天再聊，你发现怎么懂这么多了。"而事实上，多数能把事业做大的企业家，都有很强的自我觉察能力。

看来，贾跃亭也在做出改变。

在2015年年中总结会上，贾跃亭颇为严肃地说："我们必须承认我们已经老了，要思考怎么才能让自己年轻起来，或者具备更强的学习能力。如果你没办法年轻起来，那就让更多的年轻人来做，去搭个平台吸引有能力的人来。"

为了发挥年轻人的力量，乐视成立了青训营，通过系统培训和实战，孵化出了多个创新项目，个别项目已经斩获融资并成立了公司。此外，前文提到的总裁会还会邀请年轻员工参加。"乐视的价值观是用户价值第一，社会价值第二，企业价值第三。在满足用户需求上，我们希望85后、90后员工能有更多的创新。实现这个目的，要依靠文化，也要依靠制度。记得有一次总裁会谈到直播业务，一个90后同事站起来说了15分钟，让我们这些70后，所谓的管理者都脑洞大开。"乐视人力资源副总裁蒋晓琳说。

从事后来看，2014年底的患病，让贾跃亭想清楚了很多。在几个月后的投资者交流会上，当被问及在病床上有没有什么感悟时，贾跃亭谈到，自己在病床上的感悟是：应该把公司真正地公有化、合伙人化。

"有足够强的积极性，改变思维方式，会有无数个像我一样的人推动公司发展。靠一个人拉动，一个阶段是可以的，但如果要成为第一个千亿美元的公司，需要大家的力量。"贾跃亭说。

乐视有一个说法，"千万人不满，千万人参与，千万人研发，千万人使用，千万人传播"。2015年底，乐视正式启动全员激励计划，希望以此能促成"人人皆为生态主人"。

但这一切最考验的还是贾跃亭本人的企业家领导力，毕竟，从企业家的企业到企业的企业家，这仍是一条崎岖之路、登山之路。

路正长，路遥远，而眼下，就是最好的时光。

我们倡导狮狼文化
——专访乐视控股人力资源副总裁蒋晓琳

问：您是在 2011 年加入乐视的。在当时，乐视还没有表现出强大的势头，也遭受了很多质疑。您加入乐视的原因是什么？

蒋晓琳：我是见过贾总之后，选择加入乐视的。在当时，他描述了乐视的愿景，很打动我。另外，还讲述了对战略、组织和人力资源的理解，以及对我们的期望。我感觉他是一位令人尊敬又值得追随的企业家，虽然当时乐视还没有那么大。身为 HR，可能对人有一种天生的敏感吧。

除了贾总的企业家精神，还能看到乐视坚持用户收费模式，坚持正版版权，而且当时已经开始做硬件的创新和孵化。在这种战略布局下，我觉得这是一个非常有前景的公司。

很多人都很好奇，乐视招了这么多人，吸引点是什么？其实招这些核心大咖，除了看公司的硬实力，软实力也很重要。人到了职业生涯的某个阶段，换工作就是选人、选老板。看对方是不是一位值得追随的企业家，公司的愿景和价值观是什么。这些往往比你给出的现金或者职位更能让他坚定选择。处在熟悉的领域或者职业舒适区，想打破其实蛮难的。我当时也可以继续在中华英才网做下去，工作很稳定，待遇也不低，但就是因为互联网人身上的不安分，想去尝试更多的新东西。

问：您加盟时，乐视只有 800 人，目前乐视已超过万人。您经历了乐视从小变大，以及商业模式演变的整个过程。在这个过程中，乐视的人力资源工作都遭遇了哪些挑战？

蒋晓琳： 我加入乐视时，是一个互联网的 HR。我现在依然是互联网的 HR，而且是一个互联网生态战略下的 HR。最大的不同是，乐视最初只是一个做长视频的网站，而（现在）它要跨界创新，做产业的垂直整合，以及跨产业价值链的重构。

首先，要做组织的搭建、人才的布局。在这个过程中，要不断面对人员的快速增长。我加入时，乐视只有 800 人，现在全球有 13000 人。这样的人员扩充，不论是人员的招聘，还是人员的培养、人员的管理以及文化融入，都是很大的挑战。更难的是，我们是七个产业，而不是在一个产业。很多公司快速扩充时，只是在本领域、本行业，但我们每做一个子生态都是进入新产业。简单地说，一个是本身人的挑战，一个是跨界的挑战。

问： 很多大咖在原企业都是领军者，乐视如何让这些人融入企业？又如何让他们产生化学反应？

蒋晓琳： 半年前，柳传志先生曾经来访过，在和贾总交流时，也提过这个问题。我们认为可以通过几个机制。

第一个是组织机制。因为乐视建立了生态型组织，管理型组织和项目型组织并存，打破组织边界，让我们很多人为了共同的目标汇聚在一起，屏蔽了所谓的"山头主义"等问题。乐视的核心竞争力就是协同化反，我们通过组织机制让人与人之间、部门与部门之间、生态与生态之间的界限完全打破，让大家能够水乳交融在一起。

第二个就是我们生态型的激励。激励是组织的基石，贾总一直要求我们将它作为工作重点高速推动。我们的激励机制做得很好。首先，贾总很慷慨地拿出非上市公司股权的 50% 做全员分享，这个在行业内是没有先例的。而子生态，也会拿出30%的股权给团队，这是一个相当可观的数字。这样慷慨的分享，合伙人机制的打造，会让每个人觉得来乐视不再是一个职业经理人，这就是我的事业。另外，我们会确保每个员工都双重持股——既持子生态的股权，又持乐视控股的股权。在兑现时，我们是两者取其高，确保员工利益最大化。这个机制可以激发大家，不只为自己的结果负责，也愿意去分享，愿意去协同化反。

此外，我们还倡导狮狼文化。我们希望每个乐视人都是优秀的个体，同时又像狮群狼群一样，团队合作、并肩作战。所以，在管理层，我们一直倡导一种精神——敢用比自己优秀的人，我们叫"用师者为王"。一定要请到比你更优秀的人，你不能成为组织的瓶颈。

如果只能招比我更低的人，团队人员就会越用越庸。我们希望持续引进优秀人才，把组织建设得更健康。同时，对于伴随公司一路成长的老员工，我们也会给予他们培养的机会、轮岗的机会，让他们成为不可被复制的生态型人才。

问： 乐视有总裁会和跨生态协调会，这算不算促进协同的机制？

蒋晓琳： 当然，在其他公司，很难看到这样的景象：每周一上午，来自七个产业的大咖坐在一张桌上，用同一种语言去讨论战略，这是我们协同化反的一个点。跨生态协调会在每周日下午，主要针对重大项目的落地，这也会打破部门和组织边界。

问： 从2011年上市到现在，乐视一直在高速增长。可以说，乐视是一个战略驱动的组织，它的战略确实比较超前，不断进入新的领域，会不会给组织带来比较大的成长和适应的压力？

蒋晓琳： 如果没有压力、挑战，这个组织是不健康的，只能不断退步。几年前，我见过一位顶级公司的人才，他告诉我，他要离开这家公司，准备进入互联网行业。我问他原因，他说："我去参加全球战略研讨会，经过两天的讨论，董事会和核心高管得出一个结论：在接下来的两年，我们不用做任何改变，也不用做太多创新，只要不犯错，就可以继续保持领先。"这个结论应该是2013年到2014年达成的，结果在2014年底，这家全球化的公司就直线下滑，交出了头把交椅，并越来越没落。

乐视的核心驱动就是战略的前瞻性。贾总曾说过，组织和资源不是要匹配战略，而是要满足战略。也就是说，不能用现在的组织、能力、资源来看战略。在制定战略时，一定要忘掉自己、忘掉现在，要"站在未来看未来，再站在未来看现在"。只有这样，才能足够前瞻、足够创新。贾总经常说生态没有"容易"二字，生态是很苦的，生态每一天都是新的。所以，我们一直在被战略倒逼。这种倒逼，或者说持续的焦虑，反而让我们迸发出了更多的创造力、更多的智慧。

在这个过程中，我们反而觉得成就感蛮大的。如果你在一个一成不变的组织感觉不到压力，那么，这个组织的前景，这个组织能否在严峻的竞争下不被落下，是要打一个问号的。所以，我们不怕压力，一定要跟随战略、满足战略。有句话说得好：战略决定组织，组织决定成败。

问：我和乐视人有一些交流，个别人会说乐视确实发展很快，但内部也有混乱的一面。我的理解是，作为一个高成长企业，就是一个混乱或者失控的状态，但是没关系，只要业务快速成长，公司就能成长，在组织或者其他方面有一些混乱，也是正常的，您认同这个观点吗？

蒋晓琳：一方面是对的。但是，当人员达到一定规模，当乐视到了全球化的阶段，还是要在不遏制创新、不禁锢组织的前提下，去做体系化、信息化的建设。在一些比较成熟的行业，有很好的先例，比如华为。如果说我们现在是 1.0，我们希望能做到 2.0。

问： 从战略上看，乐视是一个"自上而下"的企业——贾跃亭是总设计师，接下来是子生态、公共业务和公共职能的负责人。乐视是一个执行力很强的企业，一方面，可以让战略快速落地，另一方面，是否也会带来战略单一和思想单一的风险？

蒋晓琳： 几年前，我们确实面临这个问题，总裁会只有核心管理层参加。因为在十七层开会，有一种说法是"战略不出十七层"。如果只是核心层去研讨战略，回去之后，无论传达还是执行，都出现断层。后来我们做了调整，让后备干部和新生力量参与进来，每次开会都有八九十人参加。我们要求每个 VP 都要有后备干部和继任者。如果他今天出差，他位置上坐的就是继任者。继任者还要代他行使参会的权利，比如发言、决策，然后回去传递战略。通过这个过程，也能培养人才。

让更多力量参与进来，这个会才能"火"起来，才能把战略贯彻下去。另外，在会上，也有很多不同意见。如果变成一团和气，这个会不可能爆发出最后有价值的东西。

乐视的价值观是用户价值第一，社会价值第二，企业价值第三。在满足用户需求上，我们希望 85 后、90 后员工能有更多的创新。实现这个目的，要依靠文化，也要依靠制度。

我们有一些内部创新，比如我们成立了青训营，让年轻人可以直接和 VP 交流。通过系统培训和实战，孵化出了多个创新项目。例如，一个乐视语音项目已经做了 A 轮融资，而且应用在乐视系统上。

在互联网公司中，一定是鼓励创新、鼓励"小快灵"，鼓励 85 后、90 后的人表达自己。例如,总裁会通常会邀请85后、90后员工参加。记得有一次谈到直播业务,一个90后同事站起来说了15分钟,让我们这些70后,所谓的管理者都脑洞大开。

问:您和贾跃亭先生共事多年,能否分享一下,在您心目中贾跃亭是一个什么样的人?

蒋晓琳:贾总是我们的榜样,是所有人中最辛苦的。他是一个成功的企业家,但是,他依然勤奋、依然坚韧,让我们觉得没有理由不努力。就是这样,他真的是一个榜样。贾总的胸襟,对于大家的激励,以及给予我们的机会,都在感召我们,愿意为乐视生态努力,愿意为艰难的战略努力。

我们可以自豪地说,引进了这么多大咖,离开的非常少。乐视管理层非常稳定,即使在最艰难的2014年,乐视受到政治风波影响,包括贾总当时身体也不好,半年都没有在国内,核心管理层没有一个人离开。

乐视一路走来,我们面对的嘲笑、质疑和抹黑非常多。最初,我们还会觉得委屈。慢慢地,这些东西反而让我们的内心变得更加强大。因为随着时间的流逝,我们一次又一次实现了"吹过的牛",这更加坚定了我们的信念。

当你真正做出了产品,真正实现了跨界创新,就会笃定地相信,而不会受到外界评价的影响。

问:他的领导风格是什么?

蒋晓琳:刚才咱们也谈到,开会时,他会让大家畅所欲言,他是一个特别善于倾听的人。在工作中,他会带领大家明确目标和方向,告诉你目标是什么,之后会充分授权、信任。

他总说自己不擅长管理,其实我们觉得他挺擅长的。在他身上,会有榜样的力量,同时,他的话语中经常会有闪光点。例如,有一次开总裁会,就一个议题做总结时,他说乐视管理层要有一种文化:我们首先要选择相信别人,认为每个人都是值得信赖的,我们从不轻易质疑别人的人品,但同时,我们要具备让别人信任的能力。只有这样,团队才会越来越强大。

在领导力上,他经常讲乐视领导力的五要素:第一,要懂战略。第二,要会建组织。第三,要强执行。第四,要懂反思。第五,要以变应变,就是要在变化下如何去适应、调整,怎么自我进化和学习。这都是他摸索出来的,我们很受益。所以,我们不觉得他不懂管理,他是一个很谦虚的人。

这些年，乐视追到的大咖

| 乐视视频 |

高　飞　乐视视频总裁，原酷6网副总编辑，2009年5月加入

李　黎　乐视视频高级副总裁兼总编辑，原优酷土豆集团副总裁，2015年10月加入

张旻翚　乐视网CMO，乐视生态营销总裁，原集萃传媒CEO，2014年6月加入

袁　斌　乐视网联席CTO，原爱奇艺副总裁，2013年3月加入

马成功　乐视网人力资源总经理、乐视大学副校长，原京东大学校长，2015年9月加入

| 乐视影业 |

张　昭　乐视影业CEO，原光线影业总裁，2011年3月加入

张艺谋　乐视影业签约导演兼艺术总监，著名导演，2013年5月加入

郑晓龙　乐视影业签约导演，乐视网旗下花儿影视创始人，2013年10月加入

徐　克　著名导演，与乐视携手成立了硅谷创意科技实验室，2015年4月加入

陆　川　乐视影业签约导演，著名导演，2014年3月加入

| 乐视体育 |

雷振剑　乐视体育CEO，原聚友网运营副总裁，2011年2月加入

强　炜	乐视体育首席营销官，原奥美集团体育营销总监，2014年5月加入
谢　楠	乐视体育广告销售副总裁，原央视未来广告副总裁，2014年8月加入
刘建宏	乐视体育首席内容官，原央视著名解说、制片人，2014年5月加入
李大龙	乐视体育智能硬件副总裁，原北京智能视界科技CEO，2014年10月加入
于　航	乐视海外市场及版权事业部副总裁，原新浪体育频道合作总监，2014年11月加入
邱志伟	乐视体育赛事运营副总裁，原NBA中国副总裁，2015年4月加入
金　航	乐视体育增值业务副总裁，原搜狐体育频道总监，2015年4月加入
黄健翔	乐视体育独家赛事解说，著名主持人，2015年4月加入
沈　威	乐视体育生态商业中心副总裁，原新浪销售总经理，2015年9月加入
马国力	乐视体育副董事长，原盈方中国董事长、央视体育频道创办者，2016年4月加入
张志勇	乐视体育总裁，前李宁CEO，2016年9月加入

| 乐视致新 |

梁　军	乐视致新总裁，智能终端全球产研供总裁，原联想智能手机产品开发副总裁，2012年1月加入
杨　芳	曾任乐视网副总裁，原凡客诚品品牌营销副总裁，2012年9月加入
张志伟	乐视生态O2O销售平台总裁，原京东商城黑电业务部总经理，2013年3月加入

赵一成　乐视生态 O2O 销售平台高级副总裁、乐视商城负责人，原当当市场负责人，2013 年 10 月加入

| 乐视智能移动 |

冯　幸　乐视移动智能公司总裁，运营商事业部总裁，原联想集团副总裁，2016 年 1 月加入

马　麟　乐视手机 UI 研发副总裁，原魅族副总裁，2014 年 3 月加入

杨大伟　乐视手机市场营销总经理，原小米科技网络营销创意负责人，2014 年 5 月加入

董志升　销售副总裁，原联想集团联通业务总经理，2015 年 1 月加入

崔战良　运营管理总经理，原联想集团运营管理总监，2015 年 1 月加入

| 酷派集团 |

刘江峰　酷派 CEO，原华为荣耀手机总裁，2016 年 8 月加入

| 乐视汽车 |

丁　磊　乐视超级汽车联合创始人、全球副董事长，原上汽通用总经理、上海浦东新区副区长，2015 年 9 月加入

吕征宇　乐视超级汽车副总裁，原英菲尼迪中国事业部总经理，2015 年 1 月加入

何　毅　车联网 CEO、零派乐享董事长，原搜狐汽车事业部总经理，2014 年 8 月加入

高景深　乐视超级汽车副总裁，原广汽丰田副总经理、广汽吉奥总经理，

2015年4月加入

倪　凯　乐视超级汽车智能驾驶副总裁，原百度无人驾驶汽车团队负责人，2016年3月加入

张海亮　乐视超级汽车（中国）总裁兼COO，原上汽大众总经理，2016年3月加入

| 乐视VR |

高　峻　乐视创景总裁，原华为终端公司中国区总经理、全球销售与服务管理部总裁，2016年9月加入

| 乐视云 |

吴亚洲　乐视云CEO，原酷6副总裁，2011年5月加入

符庆明　乐视云CTO，原新浪研发事业部总经理，2016年1月加入

吴业翔　乐视云销售副总裁，原中国惠普企业集团副总裁，2016年8月加入

| 乐视金融 |

郑孝明　乐视全球投融资业务高级副总裁，原美银美林董事总经理，2015年8月加入

王永利　乐视互联网金融业务高级副总裁，原中国银行副行长，2015年8月加入

| 乐视控股 |

蒋晓琳　乐视控股人力资源副总裁，原中华英才网人力资源总监，2011年10

月加入

阿不力克木·阿不力米提　乐视控股战略管理副总裁，原罗兰贝格企业管理执行总监，2015 年 1 月加入

莫翠天　乐视控股副总裁、亚太区执行总裁，原魅族营销副总裁，2014 年 3 月加入

吴　辉　乐视控股 CFO，原合一集团（优酷土豆集团）CFO，2016 年 8 月加入

| 乐视北美及其他 |

肖恩·威廉姆斯（Shawn Williams）　乐视北美人力资源及行政高级副总裁，原三星高管，2016 年 4 月加入

丹尼·鲍曼（Danny Bowman）　乐视北美移动终端事业群 CMO，原三星高管，2016 年 4 月加入

约书亚·麦圭尔（Joshua McGuire）　北美法务副总裁，原谷歌首席法律顾问，2016 年 6 月加入

亚当·古德曼（Adam Goodman）　乐视美国影视公司总裁，原派拉蒙影业总裁，2016 年 9 月加入

任宏亮（Richard Ren）　乐视北美业务总裁，原华为高管，2016 年 9 月加入

罗博·钱德霍克（Rob Chandhok）　乐视北美首席研发官，原高通互动平台总裁，2016 年 9 月加入

Atul Jain　乐视印度 COO，原三星西亚区总部高级副总裁，2016 年 1 月加入

徐昕泉　乐视俄罗斯及东欧地区总裁，原京东集团海外事业部总裁，2016 年 5 月加入

第六章

如果有一天乐视失败，我们还会谈起

很少有一家企业像乐视这样顶着巨大的质疑声旺盛生长。对于乐视的未来，看多与看空，俨然分成泾渭分明的两派。投赞成票的人认为，乐视有朝一日会成为像苹果、亚马逊那样伟大的公司，投反对票的则觉得，这个吹牛大王气数将尽，一切很快会被拆穿。

针对乐视生态战略"作秀""浮夸""缺乏核心竞争力"等种种批评，媒体及舆论似乎从未停歇过。乐视一位公关部门员工说："好比一个每天都在准备高考的学生，每天都受到学习成绩下降、考不上大学的质疑，真是有苦难言。"

2016年7月乐视宣布对美国电视机厂商VIZIO实行全资收购后，贾跃亭接受媒体采访，有记者问道："对骂乐视的人，最想讲的一句话是？"

贾跃亭回复："我希望乐视一直被骂下去，这才证明我们的创造力与颠覆性存在。99%的人不看好的，才可能颠覆。如果我们进入一个行业，大部分人都鼓掌叫好——特别是在行业的早期，这说明你还是常规思维。"

这很像孤胆英雄。风萧萧兮易水寒，虽千万人吾往矣。

像乐视这样的产业先驱者，稍有差池，可能就很难善终。

甚至贾跃亭也谈到过乐视的死亡。"可是我给大家讲一句话，乐视即使今天死了，也要推动社会进步，"贾跃亭如是说，"乐视有可能会死在半路上，但成功的可能性会因为先驱者以及源源不断的跟随者而不断增加。"

事实上，死亡是企业生命周期中一件再正常不过的事。企业家的创业活动很像是一条有去无回的路，在这条道路上，很少人能够全身而退。

重要的是，乐视做对了什么，风险何在，以及我们能从乐视身上学到些什么。

BAT 的盛宴下，冲出封锁线

对乐视最广泛的质疑主要集中在三个方面：其一是多元化，其二是生态能否化反，其三是资金风险、是否盈利及其关联问题。

关于多元化扩张。这是一种最常见的对乐视的质疑，认为其不专注，做了一些完全不搭界的产业。动辄要颠覆电视、颠覆手机、颠覆汽车……这有一种直观上的不合理，因为我们更习惯听这样的故事：每一个成功企业都是深耕主业，历经艰难，终成行业领军者。专家们从技术扎根或品牌定位的角度，也都能言之成理。

有意思的是，我们发现，贾跃亭的许多决定都曾在内部会上遭到过反对，乐视的高管们跟我们一样都有着本能的担心。

在决定超级电视做还是不做时，团队意见不一，包括现任乐视视频总裁高飞在内的高层都表示反对。"看不到我们做这件事儿的一点优势。"高飞说。但后来的结果是，2013 年 5 月，乐视推出超级电视，接下来的两年，业绩狂奔。据中怡康发布的数据，在 2016 年 4 月，乐视电视在中国彩电整体市场的占有率超过 1/5，成为全行业、全渠道双料冠军。

投票表决超级汽车项目时，同样遭到激烈反对，"99% 的人都投了反对票"，只有贾跃亭与助理两个人赞成。反对原因在于，无论是资金还是经验，乐视都毫无优势，如果失败了，超级汽车很有可能会拖垮整个乐视控股甚至上市公司。

对贾跃亭，这些反对意见似乎都司空见惯了。贾跃亭当时做出购买正版内容的决定时，也曾遭到很多人的反对，结果几乎是乐视历史上最正确的一步棋。这类事多了，显然会强化贾跃亭的战略自信心——贾跃亭最终还是决定做超级汽车。与高层沟通之前，他已考察半年，"当时已决定做了，只是做之前要跟他们沟通一下"——但反过来说，如果没有这点毅然决然的劲儿，那还做什么事业呢？

"随着时代的变迁，很多巨头轰然倒塌，或许是源于一个错误的观点：死于专注。"贾跃亭曾在亚布力企业家论坛上对在座者说。

面对外界对乐视不专注的质疑，贾跃亭曾反驳称乐视专注生态。这似乎答非所问，毕竟生态也是由一个个子公司开展各自业务而组成的。

更合理的解释或许是：从经营环境而言，企业战略的关键要素市场日渐完善，甚至存量巨大，亟须创新整合者以新的增量市场盘活存量资源；而从人的角度，贾跃亭具有典型的企业家精神，而非经理人才能，企业家心中常有一种开创商业帝国的梦想和征服意志，甚至认为这是他的宿命所归，至于在哪儿开创，倒往往是赶上哪个就是哪个。

关于生态能否化反。这也是贾跃亭对外界解释最多的问题。

事实上，贾跃亭比谁都更清楚生态协同关乎乐视生死。按照贾跃亭的原话："乐视生态的各个环节，是一个首尾相接的链条，任何一个环节断裂，都有可能导致生态的坍塌。""生态中的任何一个环节出现问题，都势必影响其他板块的运转，所以生态协同成为生态成败的关键，可以说是'一荣俱荣，一损俱损'。"

贾跃亭习惯说："互联网生态时代已经到来。""未来的竞争，绝不是硬件对硬件的竞争，而是真正的链条对链条的竞争，甚至接下来是生态系统对生态系统的竞争，谁能够极快地形成一个强化反的链条，谁就有更好的优势。"

但麻烦的是，乐视生态目前还缺乏一个有力的核心支撑点，能把所有的业务条件有机地串联起来，这个点就像搜索之于百度、电商之于阿里巴巴、社交之于腾讯，既为其他新业务提供起点，又能成为退路。这或许也是贾跃亭的心头之事。

再多的城池，也架不住城门失守。

关于资金风险与盈利。这几乎是乐视逃不开的一个问题，自上市以来就如影随形。况且以乐视战线之长、资金需求之庞大，就更让人们对其盈利及数据可信度抱怀疑态度。

一方面，传统意义上，利润几乎是最终检验企业战略有效性唯一可靠的指标，但另一方面我们又说，判断互联网企业的价值，从来就不是收入和利润，而是趋势、未来、用户。不过在视频网站普遍亏损的情况下，乐视网显然无法像一些纳斯达克上市公司那样"理直气壮"地亏损，中国创业板公司不允许亏损，这也是"妖股"乐视必须承担的代价。

但无论是否喜欢乐视这家公司或贾跃亭这个人，人们几乎都无法否认乐视的冉冉升起。要知道，2010年上市当年乐视网营业收入只有2.38亿元，2015年其营收则是130.17亿元。也就是说，5年时间翻了近55倍，年复合增长率高达122.63%。

2016年上半年，乐视网实现营业总收入100.63亿元，较2015年同期增长 125.59%；归属于上市公司普通股股东的净利润为 2.84 亿元，较上年增长 11.64%。

无论乐视生态战略最终能否化反，仅就近年数据看，情况似乎在变好。当然，无可回避的是，乐视网 2010 年净利润是 7009 万元，扣除少数股东损益后，2015 年净利润是 2.17 亿元，可见财务依旧紧张。这就无怪乎有人评价，激进扩张的乐视网将财技发挥到极致才实现"报表盈利"。

在此情势下，无论是对贾跃亭减持套现、股权质押，还是对乐视关联交易的质疑，都从侧面反映出乐视的资金链已经非常紧张。

"我做了大量的股权质押，把所有的钱都投到非上市公司体系，等于我们是双线作战，一个是上市公司体系业务要高速增长；另外一个所有烧钱的业务，培育起的业务，还没有进入利润高速增长期的业务，都得自己来做。"贾跃亭谈道。

而对于减持，贾跃亭自己的解释是，目前其质押率已经非常高，只有减持才能把钱长期借给上市公司，而质押只适合做短期。

长期观察互联网行业的媒体人程苓峰曾问贾跃亭："乐视的劣势是什么？"贾回答："优势和劣势都融在一起。长线作战，完整产业链既是优势但也隐含风险。如果资源整合不力，可能会带来考验。资本实力不足，虽然选了先稳健发展、有造血能力后再扩张免费视频的策略，但资本密集型的视频行业，依然有资金压力。"时间是 2013 年。

实际上，我们发现，外界对乐视的种种质疑，贾跃亭都非常清楚。作为整个乐视生态的掌舵人，他不可能不去想，更重要的是，他不可能不去面对，他必须面对。

坦诚地说，在我们跟踪研究乐视的半年多时间里，感受是从"不以为意"到"怀抱尊重"。我们发现，想要批判一家公司实在是太容易了，可以从各种角度进行证否，辅以感性层面的看不惯、看不上。但是当我们把爱憎放下，先去了解，把视角从证否转向证明，把自己放到贾跃亭的位置，就会发现自己甚至连面对那些困难的勇气都没有；就会意识到乐视想要杀出重围，除了现在这条路，几乎也没有什么太好的路可以走。生态战略要么不做，要做就是开弓没有回头箭。作为当家人的贾跃亭，殊为不易。

眼下互联网行业的营商环境，逐渐形成以百度、阿里巴巴、腾讯三家公司为聚焦点的产业生态格局，它们在电商、社交、信息搜索等各个方面，影响和改变着用户的生产生活方式，BAT 成为整个互联网行业的"底座"，各家企业很难绕过这三座大山。

举例说明。2012 年时按照用户规模排名，中国前 20 大移动互联网应用 BAT 只占 7 个，但到 2016 年，BAT 占了 17 个。如果你也身处这一行业，如何冲出封锁线？

仅以网络视频行业为例，爱奇艺背靠百度，腾讯视频异军突起，阿里收购优酷土豆……行业内不断传出并购新闻。想想 2010 年，乐视还只是一个年营收 2.38 亿元的乐视网，如果没有这之后的产业布局，它最有可能的命运就是亏损、待价而沽，然后被收购。

回顾乐视的每一次布局：聚焦长视频，率先买版权，收购花儿影视切入内容自制，推出乐视盒子 / 电视 / 手机，软硬一体化，谋求生态战略。贾跃亭总想踏准互联网行业发展的节奏，他认为："互联网时代，企业布局一定要考虑未来 3~5 年的发展趋势。"

但到目前为止，乐视的风险始终都在。创业永不眠。用贾跃亭的话说："成年人的世界，没有容易二字。"

对于乐视的未来，如果你是贾跃亭，你会怎么做？

作为颠覆者的挑战

质疑与挑战同在。在多个产业，乐视都是以颠覆者的姿态出现。随着时间流逝，乐视也许确实在改变甚至颠覆着某些产业格局。不过，在打破旧规则、建立新秩序的过程中，乐视同样面临诸多挑战。

有意思的是，乐视看似与全世界为敌，而贾跃亭强调，其实也就是最好的生态伙伴。

整合创新的艰巨性

为了进行产业链的垂直整合，乐视已进入多个领域，且每个领域都有强敌把守。例如，在手机领域，它要直面苹果和三星，还要和华为、小米等贴身肉搏。乐视的产品力需要和华为、三星在同一个水平线上，至少不能被甩开，否则说什么生态概念都没有用了。在汽车领域，它将挑战特斯拉和谷歌，还有传统的汽车巨头。太多对手都是世界级的。

在搭建生态系统上，乐视的道路与其他企业不同。它的选择是将平台、内容、应用、终端这四个要素整合在一起。在部分领域，乐视开放合作。例如，在智能电视上，它与 TCL 合作；在智能汽车上，与北汽联手；在应用商店上，亦有多个大大小小的合作伙伴。但在关键环节，尤其终端，乐视选择自己把控。

显然，任何选择与取舍都是利弊均沾。自己做的优势是协调成本更低、整合力度更高，例如做终端推广，就可以直接"硬件负利"，所谓在单个环节上有价值，不盈利。很难想象，一个"视频企业＋电视厂商"联盟可以做到如此。但反过来也有缺点：首先，运营成本更高；其次，增加了风险和不确定性；最重要的是，具有排他性。腾讯视频和创维、海信、康佳、飞利浦、三星、夏普等主流智能电视品牌都有合作，而乐视就很难建立这样的联盟。这两种路径，比拼的不仅是方法论，更是执行力，最终由结果说话。

乐视希望能做到跨终端、多屏，与用户24小时产生联系，但实践起来难度不小——让用户购买一种产品容易，让用户再买两三种不同品类的产品，则极为困难。据统计，拥有电脑的iPod购买者，在一年内转用苹果电脑的比例为6%~13%。转化之难，可见一斑。

每个消费者心中都有品类分区，一码归一码，许多逻辑上说得通的事情最后经常走不成。商家有商家的安排，消费者有消费者的道理。这可能是所有生态战略者都值得警惕的，回归常识，心里始终住着"普通人"，不要在消费者剧情上"硬设定"。

维持内容优势

在新领域，乐视需要和众多对手搏杀，而在老本行，同样也不轻松。

爱奇艺的背后是百度，优酷土豆的背后是阿里，紧随其后的是腾讯视频。经过十几年的积累，在内容上，乐视具有一定优势，但另几家都是不差钱的主儿。视频行业的悖论在于，内容很重要，但只靠内容又难以建立足够的竞争壁垒。目前，在内容上，上述企业都是全线布局，差异性势必越来越小。由于转换成本低，用户是跳来跳去的，很难长期绑定在一家平台。例如，因为年度大剧《芈月传》、自制剧《太子妃升职记》等的热播，根据第三方专业媒体监测平台comScore（一家全球性互联网信息服务提供商）的统计，2015年12月，乐视网在日均UV（独立访客）、月度播放量、视频网站总播放时长TOP 10榜单中，均位居行业第一位。不过，随着传播热潮退却，接下来的两个月，乐视网又让出了第一名的宝座。

对乐视来说，要开辟新战线，更要守住大本营。尽管在体育这个细分领域，乐视又再一次占据了先机，但这种泛娱乐视频内容，也同样面临着新进入者的冲击。没有好内容，就很难吸引或留住用户。如果用户规模不够大，乐视生态系统就不可能成形。天风证券副所长、传媒互联网首席分析师文浩认为，这也是乐视决意打造生态系统的原因，"乐视为什么要做电视、做手机，打造一个闭环？只有把这些事做成了，它才有极强的壁垒。"

资金压力

乐视的扩张节奏是否仍会马不停蹄？从2014年起，乐视开启了全球化之旅，相继进入美国、印度、东欧等地区。可以想象，乐视对资金的需求有多大。

贾跃亭也坦言，资金是乐视的瓶颈之一。在融资上，乐视多种方式并举，主要方式有：体外资产并入上市公司、高位减持股票借给上市公司、子版块分拆融资、定增等；其中，一项重要的方式是股权质押。乐视直接从公开融资拿到的钱并不多（乐视网IPO募集了6.8亿元），但是贾跃亭的股票可以不断质押，之后，再用回笼的资金解押。例如，从2011年7月到2012年底，贾跃亭姐弟多次用乐视网股票质押融资，累计质押约25%股权，所获资金约为IPO募集金额的2倍。

通过股权质押，乐视可以获得流动资金，但是，也相应带来了系统性风险。乐视网2016年半年度报告显示，贾跃亭质押股份占本人持股已超过八成，占公司总股本的32.12%。"最近几年，创业板一路高歌。作为创业板的龙头企业，乐视网同样享受到了估值红利。一旦创业板崩盘或者其他因素引起乐视网股价大跌，贾跃亭就有可能失去乐视网的控制权。"一位乐视网的长期投资者说。

此外，通过全员持股，乐视已经向员工分享了50%的股权。这给员工带来了动力和归属感，同时也降低了留给资本的股权空间。在业务风险高、股权空间小的双重制约下，如何获得资本支持将是乐视的一大挑战。

企业家精神是一把双刃剑，终需经理人才能的制衡与调和。多少心有山河的企业家，在商业眼界上展现了产业战略的大气恢宏，却在经营心态上输于稳健沉着。

项目叠加的风险

乐视产品的背后，是基于乐视生态模式的四层架构（平台、内容、终端、应用）以及三核驱动（大屏生态、手机生态、汽车生态）。在贾跃亭看来，乐视拥有硬件收入、内容收入、广告收入、应用分成收入四重盈利模式，这四重的盈利模式最终将使乐视彻底摆脱行业旧有的对硬件利润的依赖。然而这也无法摆脱项目叠加的风险。乐视的生态系统里，每个成员相互依存，搞不好就可能引发多米诺效应，弄成了贪吃蛇。

在2015年乐视总监大会上，贾跃亭曾表示："乐视生态的各个环节，是一个首尾相接的链条，任何一个环节断裂，都有可能导致生态的坍塌。我们打造了超级电视，但是如果云平台出现问题，就无法将内容传输给用户，再好的软硬结合，超级电视都只是摆设；我们需求旺盛，但如果产能跟不上，无法满足用户需求，还谈何颠覆？假如我们的物流跟不上，卖出再多电视，但送不到用户手中，那更将是一场灾难。再假如我们的内容以及多屏运营体验无法满足用户需求，买到电视的用户也无法真正体验极致的产品。所以说，生态中的任何一个环节出现问题，都势必影响其他板块的运转，所以生态协同成为生态成败的关键，可以说是'一荣俱荣，一损俱损'。乐视的四大架构、九大引擎是个有机整体，任何一个引擎出现故障，都可能引起不良的连锁反应。"这就是项目叠加的风险。

贾跃亭认为，乐视生态是一个开放的闭环生态系统，系统内"强相关、强化反"。但这种战略相关性到底有多强？有多紧密？其内部的运转结构是否逻辑自洽、严丝合缝，各组成部分是否真的互补相成、密不透风，不给竞争对手留余地？

组织能力的培育

"战略决定组织、组织决定成败"是贾跃亭经常挂在嘴边的一句话。按照中欧商学院教授杨国安的观点：企业持续成功 = 战略 × 组织能力。

如果不打造出相匹配的组织能力，乐视模式就不可能生根。从 2014 年起，乐视通过调整组织架构、建立协同机制等方式打造"生态型组织"。同时，通过全球合伙人制度和全员股权激励等方式进行"生态型激励"。

贾跃亭曾表示："打造生态型组织，是一场巨大的运营变革，难度不言而喻。如果我们内部组织不变革，就无法支撑持续颠覆和创新。我希望，每一位管理者及其团队，都能在心理上和行动上充分做好准备。乐视将创新组织理论，颠覆从自我开始，每一位管理者都必须改变自己，不断提升协同能力、管理能力、统筹能力和学习能力。"

这条路任重道远。我们观察到，许多快速扩张的中国企业的现实选择都是：业务归堆儿，管理打补丁。业务延展基于市场机会，而组织延展基于能力外延。许多中国企业的业务导向太强，有冲锋、抢滩的快感，但导致事业规模、业务类别骤然复杂，搞成了"小型国民经济"，这对组织能力来说不是挑战，而是无解。

恐怕只有回到聚焦主航道的重大创新的业务逻辑上，才可能成为一个真正意义上的长跑型选手，步伐坚定，气韵绵长。

商业模式的可行性

以内容吸引用户，以会员费和广告费盈利，是视频企业的主流模式。事实证明，这种逻辑是成立的，遗憾的是效果欠佳。经过多年运转，无论是优酷、爱奇艺，还是腾讯视频，都没有实现盈利。以2013年推出超级电视为标志，乐视开始了新的探索。

推出终端后，乐视拥有多重盈利来源，包括硬件、会员费、应用、广告、衍生产品和服务。不过，要想获得上述收入，用户基数必须足够大。乐视选择以硬件负利扩大用户基数，在用户数达到一定量级后，各项收入就会上涨，从而对硬件进行补贴。

从乐视网的业绩看，乐视还处于布局阶段，生态威力尚未完全显现。乐视战略管理副总裁阿木认为，"现在你看到硬件占比较高（在2015年，终端收入占乐视网总收入的47%），主要原因是整个硬件还处于放量阶段。这是乐视商业模式一个很重大的前提——用户要在短时间里达到足够高的量。因此，体量的增加是最近几年的主要矛盾。在放量过程中，要用未来的生态收益来贴补当下的放量。在这个阶段，硬件收入的占比可能比较高。但是，以超级电视为例，随着年销量超过1000万台，总存量超过2000万家庭以后，广告收入、付费收入、游戏收入、购物收入、互联网教育收入等，会迅速攀升。想象一下，这是两个湖南卫视（覆盖2000万家庭）。而且，这是一个巨大的、可运营的平台。"

未来的确可期，但最终还是实践出真知。在用户规模增长的过程中，乐视变现的速度有多快？变现的能力有多强？只有收入能够覆盖捕获用户的成本，乐视才能建立正循环，否则，就会入不敷出、难以为继。

战略的延展性

2013 年 5 月，乐视推出了超级电视，试行生态战略。9 个月后，乐视又宣布进军手机和汽车。也就是说，在超级电视得到市场认可，但盈利模式尚待验证之时，乐视又迅速进入新领域。这就牵扯到我们的最后一个话题，即战略的延展性。

通常，企业战略的攻城略地是层层推进、步步为营的。时机固然重要，也要考虑周期与节奏。以苹果为例，在推出 iPhone 时，iPod 已坐拥 1 亿用户。起初，iPhone 也没有 Apple Store，因此被定义为 "下一代 iPod"。甚至有人认为，iPhone 只是在 iPod 上增加了通话功能。这种误解，事后让人倍感吊诡，不过也正是因为有庞大的 iPod 用户做支撑，iPhone 推出后受到追捧，上市第一年，狂销 600 万部。iPhone 面世一年后，苹果才公布了第一款 iPhone 软件开发工具包，并于当年 7 月推出了 Apple Store。

在战略的延展上，乐视属于激进派。用户规模是乐视盈利模式的前提，除了一路狂奔，乐视还通过收购或参股的方式来增加体量。例如，2015 年底，乐视成为 TCL 多媒体的第二大股东，双方在产品开发、内容共享、广告运营等方面展开合作。两者的激活用户为 1800 万，占中国智能电视用户总量的 20% 以上。2016 年 7 月，乐视收购了美国第二大电视厂商 VIZIO（仅次于三星）。2015 年，VIZIO 销量为 800 万台。收购 VIZIO，乐视不仅收获了销量，还获得了和美国用户沟通的 "管道"。显然，在营销上，它为在美国市场发展的中国企业提供了一个不错的选择。紧接着，乐视又完成了收购酷派集团的最后一个动作。2016 年，预计 "乐视+酷派" 将实现 5000 万~6000 万台的销量，有望跻身国内手机 TOP4。

快速扩大用户数量是乐视的重点,但用户质量更为关键。获取用户只是第一步,接下来,还要通过优质体验和服务来黏住用户。对乐视来说,从终端用户到付费用户的转化率,以及付费用户的续费率是两项关键指标。如果不能将用户变为深度用户,盈利模式仍不能成立。销量的提升只是从"形式上"完成了战略,而不能让战略"实质上"落地。

滴滴出行创始人程维有一个观点,互联网经济的上半场拼的是"人和人之间通过各种各样的终端连接起来",现在上半场已结束,互联的机会、连接的机会已经过去了,下半场就是人工智能。实质上,拼的就是运营能力了。

同时我们也要注意到,消费者主权在互联网时代空前强大,许多中国互联网企业曾天真地以为只要把用户习惯培养起来,就可以坐享成果。残酷的现实却是,为了争夺中国庞大的人口市场,竞争一直都在,垄断难以形成,用户原来不忠诚。

人口红利即将消失,互联网下半场的哨声已经吹响,战役将空前惨烈。

成败转头空,几度夕阳红

乐视的水分到底有多大?这也是我们在解读乐视的过程中常被问到的问题。2015年乐视网曾一度市盈率超过200倍,总市值破1500亿元。2016年夏秋,乐视网动态市盈率仍高达152倍,市净率为9.6倍。有媒体评论,给予资本市场信心的,也许是故事与情怀。

这与美国资本市场给出的估值水平有很大的不同,目前,网易的市盈率是22倍,阿里巴巴是34倍,谷歌29倍,Facebook是61倍。

但我们也要注意到,在大的时代机遇面前,科技创新、产业勃兴、企业崛起也总是伴随着资本狂潮,是与泡沫共舞的关系。

科技创新引发资本市场对于新技术、新产品的巨大热情和兴趣,最具代表性的就是 VC、PE 对它们的疯狂投资,以及与这些新概念沾边的上市公司股价暴涨神话。然后创富的羊群效应,将资金、人才、资源等生产要素加速推入该行业,引发大规模的创业热、成长热、扩张热、并购热和重组热,从而推动行业性的大增长、大创新、大变革、大整合,当然也有大泡沫,但最后的结果是社会性的大发展。越来越多的商业模式和机会将被发掘出来,一系列的小企业会奇迹般地长成大公司。

曾经的纳斯达克网络股神话,到 2000 年巅峰时,纳斯达克指数、互联网指数 PE 峰值分别为:175 倍、285 倍;PB 峰值分别为 7.3 倍、33 倍;2000 年 3 月 13 日达到 5048 点。然后崩盘,半年后跌至 1088 点,下跌近 80%。网络股泡沫破灭,大量公司倒闭,股票巨亏,但 IT 和互联网行业却得到了极大的发展,最终成就了一批伟大的互联网公司。

伴随资本市场泡沫一轮轮地出现和破灭,产业一步步沉淀下来,企业一步步长大。

某种意义上,历史是惊人的相似,中国资本市场在同时间也上演过类似的故事。1999 年 5 月 19 日,中国股市以科技股为引领,爆发了一波延续两年多的牛市,称为"519 行情",并于 2001 年 6 月 14 日达到最高点 2245.44 点,随后便展开了长达四年的熊市之旅。

但科技股泡沫的破灭却带来计算机行业的高速发展,互联网普及率和网民数量不断上升,这也为网易、新浪、百度等互联网公司的崛起铺平了道路。正是在 1999~2001 年,电子商务公司开始出现井喷式发展,到 2000 年,有 600 多家电商网站。虽然当时上市的电商公司现在都已淡出公众视野,但后来孕育出了阿里巴巴、京东等电商巨头。

上一轮 IT 与产业浪潮沉淀下来的是网易、百度、腾讯、阿里巴巴等这些公司，这一轮留下来的会有乐视吗？

有意思的是，在 2016 年中国绿公司年会上，马云与贾跃亭同台对话。马云问贾跃亭："前几天有人跟我说，你在互联网深圳大会上说 BAT 垄断了整个互联网创业的资源，使得大家没法混了。假如说我们现在换一下，你是 BAT 的一家，你该怎么做才好？"

贾跃亭回答："每个时代都会有一些代表性的企业，每个时代都会有一些垄断整个社会资源的企业，但其实这些都不重要，因为时代在不断变化，每个时代变迁的同时都会诞生全新的、更加伟大的企业。所以，如何能够突破上一时代企业的封锁，或者是大山，其实只需要做一件事，判断下一个时代到底是什么，而不是在它们的延长线上去做创新，更不是依赖 BAT 强大的资源。就像今天郭总（复星集团董事长郭广昌）讲的，依赖 BAT 的入口，很多小企业都有这样的想法。但是，如果能从另外一个维度思考问题，能够站在更高的维度，能够站在下一个时代的维度去制定你的战略，能够通过自身的努力去走一条完全不同的道路，你就有可能引领下一个时代。"

贾跃亭认为，打破产业边界、组织边界和国家边界，就可能催生出全新的经济形态——生态经济。在讲述乐视为何进入汽车领域时，贾跃亭以一个感性方式开头，沉浸在他的产业梦想中："雾霾最严重的那天，我在朋友圈里看到，乐迷、员工自己拍摄的照片，非常的凄凉，一切都是朦胧的，一切都看不清，只有一丝亮光，这恰恰是中国的机会，今天谈了很多是风口，但是在我们眼中风口论者都是机会主义者，未来真正能够改变产业、改变世界的人应该是雄鹰型的企业而不是苦苦等风，应该是实现自我翱翔冲破雾霾打破现在，我们要成为时代的雄鹰，开创自己的未来，开创中国的未来。"

不过，种种质疑总是笼罩在这家企业的头上。有人说它讲故事，有人说它自不量力，也有人断言乐视就是一个庞氏骗局，"把新投资者的钱作为快速盈利付给最初投资的人，以诱使更多的人上当"。但也有越来越多的人开始正视乐视，并给予宽容。

"我对乐视的看法发生根本性的改变，就是从人开始。"贝恩全球合伙人康雁在互联网生态研究论坛上公开表示："我在想，这群非常有能力的人，为什么愿意如同打了鸡血一样去做同一样事情？"

解读乐视的过程于我们也是一场考验。乐视的行业跨度之大，行业近年变化之快，又赶上经济、社会、技术、政策的快速演变，可以说，乐视面对的挑战是多层次、多维度、全方位的。而乐视选择的是产业创新、战略创新、组织创新，乃至金融创新，这更加剧了理解乐视的难度，甚至不少身在其中的乐视员工也感叹"不识乐视真面目"。但从另一个角度，我们又分明地感受到一个大时代的巨浪滔天。乐视现在发生的一切，或许正是观察眼下商业世界最好的一个样本，持续跟踪它，这就是最好的商业教科书。

每代人都有自己的时代际遇。江山代有才人出，各领风骚数百年。你的时代已经到了，就不要错过这个时代。假以时日，乐视将会给它的时代留下这样的背影：

> 乐视是网络视频行业的先行者，它是中国第一家定位于"影视剧互联网发行门户"的视频企业，并开创了收费模式。而它所倡导的正版化、注重影视内容、让用户为优质内容埋单等，也成了中国视频行业的事实标准。
>
> 乐视是全球第一家推出智能电视的互联网企业。事实证明，超级电视得

到了市场的认可。在乐视的带动下，无论是互联网企业还是传统企业，都纷纷进入这一领域。可以说，乐视大大推动了中国智能电视或者互联网电视的发展历程。

乐视试图重新定义汽车，并希望打通电视、手机、汽车这三个终端，从而为用户带来极致体验。在智能汽车的发展史上，乐视所倡导的"电动化、智能化、互联网化、社会化"提供了一种新的可能。

乐视让"生态战略"一词成为流行语，某种意义上，也引发了中国企业打造生态战略的热潮。虽然其中不乏滥竽充数者，但那些真正践行生态理念的企业，或有可能赢得先机。

等我们老了，生态经济早期的喧嚣都归于静寂，我们也许还会怀念起这个时代，混乱与梦想同在，产业与资本共舞，一批像贾跃亭这样的企业家们逐鹿中原，纵横四海，踏着理想踩着梦，活得又野又荡。

就像贾跃亭在 2016 年乐视生态全球年会上唱过的《野子》——

怎么大风越狠

我心越荡

幻如一丝尘土

随风自由地在狂舞

我要握紧手中坚定

却又飘散的勇气

我会变成巨人

踏着力气　踩着梦

怎么大风越狠

我心越荡

又如一丝消沙

随风轻飘地在狂舞

我要深埋心头上秉持

却又重小的勇气

一直往大风吹的方向走过去

吹啊吹啊　我的骄傲放纵

吹啊吹不毁我纯净花园

任风吹　任它乱

毁不灭是我　尽头的展望

吹啊吹啊　我赤脚不害怕

吹啊吹啊　无所谓　扰乱我

你看我在勇敢地微笑

你看我在勇敢地去挥手啊

是你吗　会给我一扇心房

让我勇敢前行

是你呀　会给我一扇灯窗

让我让我无所畏惧

吹啊吹啊　我的骄傲放纵

吹啊吹不毁我纯净花园

新物种乐视

任风吹　任它乱

毁不灭是我　尽头的展望

吹啊吹啊　我赤脚不害怕

吹啊吹啊　无所谓　扰乱我

你看我在勇敢地微笑

你看我在勇敢地去挥手啊

怎么大风越狠　我心越荡

我会变成巨人

踏着力气　踩着梦

研究中国管理学，始自案例

现阶段，探索中国管理学的最佳路径可能就是实地调研，做案例研究。走出书斋，重新走向企业，不是从 paper 到 paper，不去追求所谓的实证研究，而是从"理论联系国际"重回到"理论联系实际"的正路上，回到管理学诞生之初的样子。

管理学诞生之初，理论与实践不是两张皮，是一体的。管理学主要奠基人之一法约尔，长期担任煤铁公司总经理，直至 77 岁退休。法约尔依据自己多年的实践经验，感悟到了"管理职能"的存在及其价值，也意识到"管理教育"的重要意义，才在自己晚年以学说的方式把感知到的管理世界呈现出来，写就了管理学领域的源头著作——《工业管理与一般管理》。正是法约尔，将管理职能定义为实行计划、组织、指挥、协调、控制。该界定在相当程度上沿用至今。

现代管理理论之父巴纳德也是这样。直至《经理人员的职能》成稿后,他仍感到非常遗憾,没能把他内心感受到的那种"组织感"——一种强烈的"组织美感"表述出来,"还有一点也是我觉得相当遗憾的,那就是我没有能够向读者表述出组织感——一种无法表述出来的、强烈的审美感,这种感情最主要产生于个人习惯性的、感兴趣的深切体验"。可以说,这些作品之所以具有思想的力量是因为其背后有对实践的感悟。

归根到底,管理学是一门应用学科,是一门实践学科,倘若心中没有真切的管理世界,任何管理研究都是徒劳的。

互联网时代下的中国,一批富有本土智慧的管理实践正在破土而出,真正志于从事中国管理学研究的学者,此刻最应该做的或许就是放下理论,先去理解。只有在理解、感悟实践的基础上,才有可能提炼并形成中国人自己的理论和思想体系,为企业发展贡献力量。

"学术并非都是绷着脸讲大道理,研究也不限于泡图书馆。有这样一种学术研究,研究者对一个地方、一群人感兴趣,怀着浪漫的想象跑到那里生活,在与人亲密接触的过程中获得他们生活的故事,最后又回到自己原先的日常生活,开始有条有理地叙述那里的所见所闻——很遗憾,人类学的这种研究路径在中国还是很冷清。"这是北京大学高丙中教授的一段话,也是对社会学科"学术写生"式研究方法的描述。这正是我们所坚持的,总觉得这样的研究是生动的、贴近泥土的,也是浪漫的。

本书建立在调研和大量资料分析的基础上,我们要感谢乐视的多位高管及友人的帮助,感谢北京大学张黎教授、南开大学杨斌教授、西北大学刘文瑞教授等学者给予我们的指导,感谢和君同事钟昌震、秦宏瑜为本书做出的重要贡献。此外,还要特别感谢《商业评论》,在其上刊登的乐视案例所获得的关注,也是这本书能够诞生的重要原因。

恐怕每部作品都是一部遗憾之作，《新物种乐视》也不例外。这本书写出了我们的许多观察、思考，但没写出来的更多，没想透的更多。在写下最后一个字时，我们清楚地意识到，这是一条未尽之路。

我们仍无法确信是否真的找到了答案。况且管理学本身不具备自然科学那样的真理性，很难得到重复性验证。我们只是试图寻找规律，同时也明白无误地感知到了管理之变，就像克雷纳在《管理百年》中谈到的，管理只有恒久的问题，没有终结的答案。

最后，我们由衷地希望，读者能感到这是一部诚意之作。希望没有浪费大家的时间，希望企业家和志于从事管理的朋友从中获得启发。